アニメ療法《セラピー》

心をケアするエンターテインメント

パントー・フランチェスコ

光文社新書

まえがき

アニメ療法《セラピー》とは何か？

本書のタイトルである「アニメ療法」。これは一体何だろうか？
好奇心を抱く人もいれば、不審に感じる人もいるかもしれない。まずは少しだけ、この本を執筆した経緯、そもそもアニメ療法を思いつき、開発するに至ったきっかけを語りたい。

筆者は日本文化を研究するイタリア出身の精神科医であり、現在は日本の病院に勤めている。そして、子供の頃から日本のアニメやゲームなどのいわゆる「オタクカルチャー」に接してきて、自分自身が救われた体験がある。

ポケモンをボールに収めて、絆の旅に出た。セーラームーンと一緒に凛々《りり》しいヒーローに変身して、スーパーパワーで弱者を救った。『犬《いぬ》夜《や》叉《しゃ》』を見て戦国時代へタイムスリップして、自分自身の二面性を受け入れられるようになった。『地球少女アルジュナ』で生死の意味、自然と愛の不可解さを知った。『CLANNAD AFTER STORY』のキャラクターと一緒に、家族の絆に気づいて泣いた。『東京マグニチュード8・0』で自然の残忍さと、儚《はかな》い絆の強さを感じた。『魔法少女まどか☆マギカ』で無慈悲の宿命の中でも美しい光があることを目撃した。この世にはカッコ悪い自分しかいないと思った時に『ゼルダの伝説』のリンクになって勇ましく剣を振り回し、己の存在を叫んだ。

こうした経験から、筆者は日本のポップカルチャーの秘める力を知った。そして精神医学の道に進んで研究を重ねれば重ねるほど、「物語」が精神的なサポートをできること、日本の文化財産とも言えるアニメやゲームに大きなヒントがあることを強く感じるようになった。きちんとした効果検証をした上で、臨床現場にも導入できるのではないかと考えたのだ。

厚生労働省のデータによると、日本の15〜34歳の死因第1位が自殺となっている。これはG7の中でも日本のみである。周りに助けてくれる人がいなくて相談できず、精神科へは怖くて行けないと思い悩み、「心のアンバランス」を解決できなくて苦しむ若者は、目に見えないだけで至るところに存在する。心のケアが今の世の中で大きな課題であることは、誰もがわかっているだろう。

アニメ、ゲーム、漫画、小説……こうしたストーリーを語るフィクション（創作された物語）は精神科学と臨床心理学において、どのような役割・居場所があるのか。エンターテインメントによる心のケアは可能なのか。これが筆者の探求している「問い」である。この問いに答えるために、筆者は若者の心をケアするエンターテインメントという新しいコンセプトを提唱したい。それが本書のタイトルである「アニメ療法」なのだ。

アニメやゲームに拒否反応を示す人もいるかもしれない。特にゲームには、依存を助長するような側面があることは事実だ。２０１９年５月、世界保健機関（ＷＨＯ）は「ゲーム障害」を新たな疾病《しっぺい》に認定した。ゲーム障害はその名の通り、日常生活に支障が出るほどゲームに時間を費やし、依存することと定義される。

ただ、近年は様々なタイプのゲームが出ていることもあり、ネガティブなイメージは弱まっている。ゲームは孤立や依存ではなく、自己啓蒙や社交を伴う活動だと捉えられるようになった。また、マーケティングなどの領域でも人の行動を促す「ゲーミフィケーション」の手法が盛んに取り入れられている。２０１１年にはニュージーランドが国家プロジェクトとして、認知行動療法（ＣＢＴ）に基づくロールプレイングゲーム（ＲＰＧ）「ＳＰＡＲＸ」を開発した。ニュージーランドもまた若者の高い自殺率が課題だったが、軽度のうつ病を治療できるこのゲームは従来のゲームに伴うイメージを覆《くつがえ》し、国連やユネスコによる賞も受賞した（ゲームの詳細は第15章で紹介する）。

アニメ療法を思いついたきっかけ

心をケアする新世代型エンターテインメント。その実現のためにはまず、物語作品の鑑賞を科学的な観点から理解する必要がある。私たちは物語を鑑賞する時、内容の理解だけでなく、感情反応をはじめとした様々な体験をする。こうした体験はひっくるめて「物語への没入」と呼ばれる。キャラクターやストーリーに対して感情移入できるからこそ私たちの態度や信念は変化するし、鑑賞後の喜びや楽しみも高まる。このことはすでに研究で立証されている。

筆者が「アニメ療法」を考えついた理由は、日本アニメのオリジナリティにある。子供の頃はただ日本のアニメが好きで見ていたが、大人になって本格的に調べ始めたら、日本のアニメは西洋のアニメと比較して独特な雰囲気を持つこと、映像のクオリティが高いこと、作品数が多いことなどの特徴に気づいた。

日本のアニメーションの歴史において特に重要な位置を占めるのが、１９６３年に放送開始された『鉄腕アトム』だ。この作品が一つの契機となり、１９６３年には年間わずか7作だったのが、２０１９年には２００作前後が放送されるまでに至った。時代を追うにつれてアニメーション制作の幅も広がり、様々な表現が模索されてきた。

それを踏まえると、西洋のアニメは質、量ともに比べ物にならない。何よりも、西洋の文化では厳密には「アニメ」はない。主たるものは「cartoons」(子供向けの描写が中心)だ。

日本のアニメーションが西洋のそれと異なるのは、込み入った物語や描写の深み、強いコンプレックスを抱えたキャラクターにある。熱心な親日家ではなくても日本アニメが好きだという大人が海外に多くいるのは、そうした理由もあるだろう。昨今では配信サービスなどの発展で各国言語への吹き替えや字幕が増えたことで、どの国、どの言語でも日本アニメに触れることができる。

筆者もやはり、日本アニメを単なる娯楽の一種として楽しんだだけではない。思春期の心理的成長において、アニメキャラクターとの感情的な関わりが大きな役割を持ったと自覚している。この経験から日本文化を知りたくなったし、アニメーションは娯楽を超えて自分の気持ちを、他者の気持ちを知るための術《すべ》になり得るのではないかと考えるようになった。

物語が持つ力

物語の理論は古来、多くの哲学者や心理学者に論じられてきた。古代ギリシャ人は石ころで作られた劇場で生の演劇を鑑賞し、ストーリーに感動を覚えた。哲学者のアリストテレスはこうした感動体験を精神的な浄化、「カタルシス」と命名した。劇の鑑賞が哀《あわ》れみや恐れの感情を呼び起こしたり、精神にポジティブな効果をもたらしたりすることは当時から理解されていたのだ。

また現代心理学では「物語療法」（narrative therapy：ナラティブセラピー）という方法があり、ここでも物語鑑賞の効果が示《し》唆《さ》されている。10年ほど前から科学的実証性のある理論が現れ始めており、中でも筆者の目を引いたのが「感情移入理論」（narrative transportation theory）である。この理論では、観客は物語を経験することで感情的・認知的な変化を成し遂げるが、それはストーリーとキャラクターに対する感情移入があるからこそだと提唱されている。

欧米の精神療法の現場では物語療法が活用されている。患者の人生のストーリーの再構築を目指すカウンセリング法だ。日本でも浸透しつつあるが、カウンセリングにおいてはまだ幅広く使われていない印象がある。

またゲイリー・ソロモンというアメリカの心理学者が開発した、映画をカウンセリング現場に導入する「映画療法」(cinema therapy：シネマセラピー)という方法もある。クライアント(患者)の悩みにふさわしい映画を「処方」し、患者はその映画を見て、次のカウンセリングの際にセラピスト・医師と一緒に映画のストーリー、登場人物の悩みや葛藤などをディスカッションする。自己啓発、自己効力感、不安の感情の緩和などが報告されているが、正確なデータを提供できる臨床研究が少なく、効果はまだ完全には立証されていない。

日本のアニメをベースにするセラピーは、これらの手法と何が違い、どのような利点があるのだろうか？

私たちは健康でない状態であれば、当たり前だが治療を受ける必要性を感じる。しかし、治療を継続するには努力と強い意思が欠かせない。治療を大事ではないと思ったり、面倒になったりしてやめてしまったことのある人もいるだろう。医師あるいはセラピストの指示に従い、正しい行動に準じることを医学専門用語では「コンプライアンス」というが、患者のコンプライアンス（=治療を継続する意思）を高めることは大きな課題である。
この時、つらくないし億劫《おっくう》でもない気軽に受けられる治療が、もっと言えば楽しい治療があれば、私たちは治療を受けやすくなる。現在の多くの治療は健康を取り戻すことが第一義であり、楽しさは脇に置かれている。健康を取り戻せる限りはその過程がつらく、つまらないものでも仕方ないとされている。まさに「良薬は口に苦《にが》し」である。腫瘍《しゅよう》を取り除くような治療であれば、それも当然かもしれない。しかし、精神や心を治療する上で楽しくない方法を取ることは望ましくない。心の病気には様々な因子が関わるが、患者の気分も大きな比重を占める。言い変えると、楽しくないとコンプライアンスを保つのが難しいのだ。

だから筆者はアニメ療法というプレイフルでカジュアルな治療を提案したい。娯楽の側面を持ちつつ、治療としても機能する方法があれば最高ではないだろうか。特にデジタルネイティブである若年層にはこうした精神療法がもってこいだろう。

なお、筆者がいう「アニメ療法」で想定する作品は、正確にはアニメに限らない。対象は日本製のゲームや漫画、小説などの物語作品にまで及ぶ。共通項は、架空のストーリー、キャラクターによって語られる作品であること、そして「(日本)アニメ的」な世界観や設定を有することである。「(日本)アニメ的」が具体的に何を指しているかは、本書を追っていけばご理解いただけると思う。

例を挙げると、２０２０年9月に配信開始され現在大ヒットしている『原神』(Genshin Impact) というオンラインゲームは、HoYoverse という中国の会社が制作している。ただ、特に欧米では日本製のゲームと勘違いされることが多い。実は、原神の制作者は日本のゲーム、アニメ文化に感化されてゲーム会社を立ち上げたオタクであり、彼らのモットーは tech otakus save the world（ITオタクは世界を救う）だ。こういった経緯があるため、『原神』のストーリーやキャラクター設定は日本のオタクカルチャーに深く影響された仕上がりとなっている。

すなわち、このような作品も「アニメ療法」を語る上での対象になると言える。重要なのは「アニメ」という形態ではなく、それが持つストーリーやキャラクターなどの意味付けなのだ。ちなみに、欧米では『原神』のようなゲームは「アニメ風ゲーム」(anime game) と呼ばれている。

本書の構成

最後に、本書の構成を説明したい。

本書は大きく三つのパートに分かれている。第1部は娯楽として、また治癒としてのアニメーションの由来や意味、現在の使われ方を分析する。第2部では、映画や物語が持つ心理的な効果を説明する。心理学の臨床研究において示唆されている効果、感情移入や感情的刺激に誘発される心理的な効果に関しても紹介したい。そして第3部では、アニメを用いた療法の具体的な提案を行う。現在の日本、世界の医療界で実現可能なものにするための道のり、期待できる効果、この療法のターゲットについても論じる。

次のページに、物語作品が人の感情を動かすプロセスを図でまとめたので見てほしい（**図1**）。これは、『アニメ療法』の大まかなイメージをつかむための全体像である。様々な用語・概念が登場しているが、章を追うごとに一つずつ解説していくので、個々の言葉の意味やそれらの結びつきがまだわからなくても安心していただきたい。

少しだけ結論を先取りすると、心をケアする作品を作る際には、ストーリー、キャラクター、審美表現における感情移入効果を高める必要がある。鑑賞者が作品に没入して感情移入が成立すれば、アニメ療法が可能となる。逆に認知的処理が主となり、過剰な評価、批判が生じるとアニメ療法のプロセスは妨げられる。

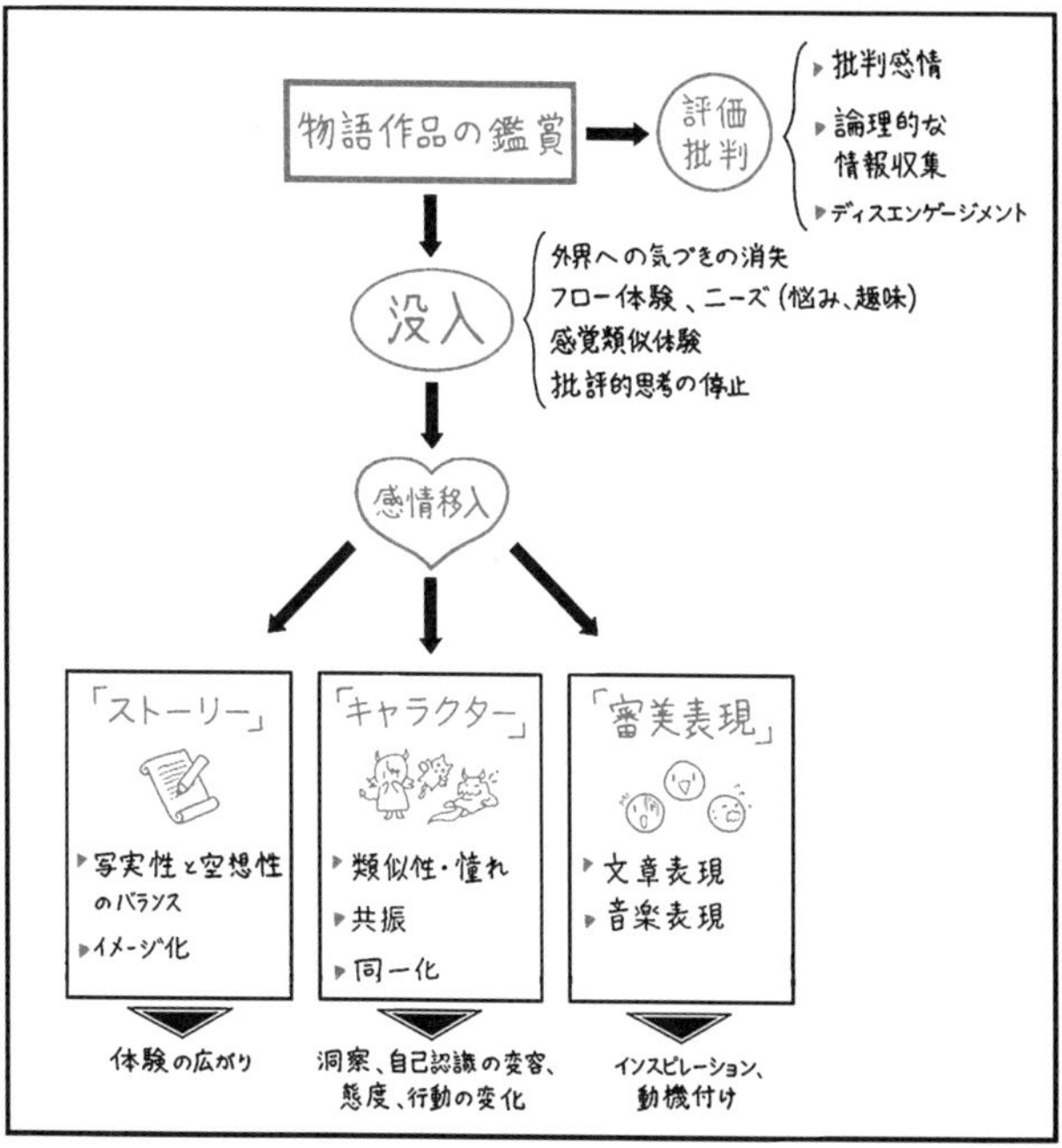

図１　物語作品の鑑賞と感情移入による効果のイメージ

ちなみに、本書の表紙に描かれているイラストは「未来の少年」だ。物語を鑑賞することでスーパーパワーを身に纏い、心と身体を「変身」させている。アニメやゲームの画面越しに、こうした大いなる自己変容ができる時代は来るのだろうか。アニメとゲームを鑑賞するだけで、元気になれる。そんな世界は、そんな物語はあり得るのだろうか？

これから筆者と一緒に考えてみよう。

アニメ療法《セラピー》　目次

第4章 アニメは娯楽以外の意味を持つか 60

第9章 認知的説得と感情的説得 134

第10章 メディアの影響力 146

第11章 その他の物語療法 154

本文イラスト作成　コッリアス・ヴァレンティィナ
グラフ作成　デザインプレイス・デマンド

第1部 「娯楽」と「治癒」としてのアニメーション

第1章　アニメーションの誕生と本質

影絵、幻灯機、ファンタスマゴリア

この章ではアニメーションの成り立ちを追うことで、その本質に迫りたい。

アニメという言葉は、「命を与える」を意味するラテン語「animātiō」（animatus）に由来する。アニメーションは文字通り、命が宿ったように見える錯覚というわけだ。

また、アニメーションは画像の連続映写、つまり画像をつなぎ合わせたものとも定義できる。元々の画像は当たり前だが動かない。異なる画像をつなぎ合わせ、連続して映写すれば、まるで動いているような錯覚が生じる。錯覚を引き起こすためには、つなぎ合わせた画像に時間的、概念的な一貫性を持たせないといけない。アニメーションには、実際に存在しないモノやコトでも描くことさえできれば存在するかのように見せる力がある。だから「命を与える」という語源にはかなり納得できる。

今ではアニメーションと言えば映画やアニメなどが思い浮かぶが、その基盤はかなり昔へと遡《さかのぼ》る。

紀元前２００年頃の中国（漢時代）、人類初のアニメーション「影絵」が発明された。動物の革でできた人形を棒の先に貼りつけて、後ろから光を当てて人形を動かした。光によって形成された影を壁に映し、観客にみせたのである。影絵は寓話《ぐうわ》、神話などを語る術にもなった。

影絵の流れで言うと日本でも江戸時代、手指の組み合わせで猫や狐などの形をつくる「手影絵」が流行した。江戸時代は他にも切り抜き影絵や、影絵を応用した走馬灯も盛んだった。明治時代の「阿波名物指人形」も名前を挙げる価値がある。

ヨーロッパでは17世紀、アニメーションの一つの原型が生まれた。ガラスに描かれた絵を動いているように見せる機械、幻灯機《げんとうき》である。幻灯機はランプとレンズとガラスから成り立つ道具で、単純ながらも極めて緻密《ちみつ》なものであった。幻灯機の主な目的は娯楽と余興であり、修道士や旅芸人に使用されることが多かった。興行以外には学者や宗教者が講演、布教のために使用した。なお、２世紀の中国でもすでに幻灯機と類似した道具が余興目的で使われていたことが報告されている。

幻灯機の技術を活用し、煙と音楽を加えたショーが18世紀のフランスで流行する。「ファンタスマゴリア」（ギリシャ語で「幻影」の意味）だ。ファンタスマゴリアはパリで人気を集め、早々にヨーロッパ全体へ広がった。このショーは一言で言うと、特撮の要素を持つ怪談の生演劇だった。演者が観客を怖がらせるような物語を語りながら、後ろに設置された幻灯機を使い画像を投影し、煙と音楽で雰囲気を作った。

現代アニメのきっかけとなったストロボスコープ

現代アニメーションの成立に大きく貢献したのは間違いなく、１８３３年に発明されたストロボスコープだろう。ストロボスコープは点灯する光源によって物体の移動速度の変化を可視化できる装置であり、わかりやすく言えば回転する覗《のぞ》き絵のようなものだ。一定の間隔で光源を点滅しながら、見せたい絵が連続で描かれた円盤表面を回せば絵が動くように見える。アニメーションで初めて使われたストロボスコープはフェナキストスコープ(Phenakistoscope) というが、これは原始的な劇場と解釈してもよいだろう。フェナキストスコープは１８３１年に二人の学者に同時に発明され、当時の日本では一般人の間にも「おどろき盤」として知られていた。ちなみにフェナキストスコープの語源はギリシャ語の「騙《だま》す」である。

とはいえ19世紀のアニメーション作品は平均12枚の画像を使った、極めて短いものだった。

これらの画像を映画のように見せるために、円盤を手で回して永遠のループのように観客に見せたのだ。従って、初めて制作されたアニメーション作品はわずか数秒の長さにすぎなかった。フランスのシャルル・エミール・レイノーは１８８８年に10～15分のアニメーション作品を初めて作り上げた。『光のパントマイム』と題された本作はパリのグレヴァン蝋《ろう》人形館で生上映され、上映時にはレイノー自らがピアノの伴奏に合わせて演技に参加した。このショーはヨーロッパ中の人気を集め１日約5回上映されることになった。

　１９０８年にはエミール・コールの『ファンタスマゴリ』が公開された。専門家の意見は分かれているが、一部ではこの作品が世界初のアニメーションだと考えられている。現在でも見ることができるが、７００枚の絵を使用した、わずか１分20秒の作品である。他に世界初のアニメーション作品と考えられているのが、１８９２年10月28日にこちらもグレヴァン蝋人形館で上映されたレイノーの『哀れなピエロ』だ。フェナキストスコープに類似したテアトル・オプティークという装置を用いて上映された本作は５００枚の画像から構成され、15分ほどの長さがあった。

　また１９１４年、アメリカのウィンザー・マッケイは約12分の作品『恐竜ガーティ』を作った。彼は後にウォルト・ディズニーも使うことになる、キーフレームやアニメーションループといったアニメーション技術を初めて導入した。

いよいよ、アニメーションと言えば必ず思い浮かぶ人物の出番が来た。ウォルト・ディズニーである。

ウォルト・ディズニーとキャラクター黄金期

１９２８年11月18日、アメリカで『蒸気船ウィリー』が公開された。ミッキーマウスとミニーマウスのデビュー作である。わずか7分、白黒映像の素朴な短編だが、アメリカのアニメーションが黄金時代を築く礎《いしずえ》となった。当時のアニメーションは音声のつかないサイレント映画が主流だったが本作はトーキー映画（音声つき映画）だっただけでなく、世界初のサウンドトラック方式（先に音声が収録されている）であった点も含めて革命的だったのだ。

ディズニーはその後、１９３２年にフルカラーを導入した。あまり知られていないが、バート・ジレット監督の『花と木』がディズニー初のフルカラー作品だ。８分の短編ではあるが、間違いなく偉大なものであろう。

ミッキーマウスの大成功もあってアメリカのアニメ業界は隆盛し、現在でも人気のキャラクターが次々と誕生した。グーフィー（１９３２年）にドナルドダック（１９３４年）、ワーナー・ブラザーズのアイコン的存在であるルーニー・テューンズのダフィー・ダック（１９３７年）やバッグス・バニー（１９３８年）、トゥイーティー（１９４１年）、シルベスター・キャット（１９４５年）、ワイリー・コヨーテ（１９４９年）……。パラマウント映画のベティ・ブープ（１９３０年）、ポパイ（１９３３年）、スーパーマン（１９４１年）、日本では『出てこいキャスパー』で知られるキャスパー（１９４５年）、メトロ・ゴールドウィン・メイヤー（ＭＧＭ）のトムとジェリー（１９４０年）もこの頃生まれている。

１９３７年、ウォルト・ディズニー・アニメーション・スタジオは世界初のカラー長編アニメーション映画『白雪姫』を制作した。今なお多くの人に愛されるディズニー・アニメの傑作だ。ちなみに本作が日本で公開されたのは１９５０年。戦争の時代が挟まったこともあり、他の国と比べるとかなり遅かった。

白雪姫を筆頭に、フルカラー長編映画のブームが起きた。１９３９年にはフライシャー・スタジオ制作の『ガリバー旅行記』が公開された。日本では白雪姫より早い１９４８年に公開され、初の長編カラーアニメ映画となった。

手塚治虫と『鉄腕アトム』

ディズニーから始まった流れは戦後の日本へ引き継がれ、アニメの本場はやがて日本へとシフトした。

日本のアニメーションの先駆者として真っ先に挙げられるのが、手塚治虫の名前だろう。手塚治虫は自らを「ディズニー狂い」と称するほど、子供の頃からディズニーアニメを愛好していた。

手塚治虫は漫画を描いて集めた資金で、１９６１年にわずか６人のスタッフからなるアニメーションスタジオ、手塚プロダクションを設立した（62年に虫プロダクションへ改称）。最初の作品『ある街角の物語』は40分の長編アニメーション映画であったが、制作スタッフの給料は全て漫画の原稿料で賄《まかな》ったそうだ。苦労の甲斐もあってか同作は多くの賞を受賞して大成功し、手塚プロダクションは４００人以上のスタッフを抱えるまでになった。

そして１９６３年、虫プロダクションは日本だけではなく世界でも初となるテレビアニメシリーズを生み出すことになる。その名は『鉄腕アトム』。

『鉄腕アトム』はシリーズものとして毎週30分のフォーマットで放送されたが、大きな問題があった。毎週新しいエピソードを放送するだけの労働力が足りなかったのだ。わずか10人のスタッフでは必要な絵の作成に到底間に合わなかった。そこで、一つのエピソードに必要な絵の枚数を削減するようなテクニックが用いられた。これこそ「リミテッドアニメーション」誕生の瞬間である（リミテッドアニメーションについては第2章で解説する）。

　こうしたピンチこそあったものの、『鉄腕アトム』は１９６３年１月から30分枠で毎週テレビ放送され、日本アニメのスタート地点となった。アトムはさらに『Astro boy』というタイトルで当時のアメリカへ輸出され、52話がＮＢＣテレビで放送された。日本アニメの世界進出の嚆矢《こうし》にもなったのだ。

　アニメマーケットの拡大につれて、同年9月4日にはフジテレビ系で日本初の深夜アニメ『仙人部落』が放送された。まだ曖昧《あいまい》としたものではあったが、深夜アニメ枠が成立したことでアニメ作品のジャンル分けが始まったと言える。また、日本アニメの特徴の一つでもある少女作品として、手塚治虫の『リボンの騎士』が１９６７年に放送された。ただ、少女アニメのジャンルが海外にも普及したのはヨーロッパで熱い支持を集めた１９６９年放送の『アタックＮｏ．１』からだろう。

　カラーアニメに話を移すと、日本初の長編カラーアニメは１９５８年公開の東映映画『白蛇伝』だ。その後、１９６５年には日本初のカラーテレビアニメ『ジャングル大帝』が放送開始された。「毎週30分放送するフルカラーのテレビアニメ」という現代の私たちが見慣れているフォーマットは、概ね『ジャングル大帝』に基づいていると言っても過言ではない。

そして現在、世界のアニメ作品の過半数を日本制作のものが占める。日本のアニメ制作会社はおびただしい数の作品を毎年公開している。数の観点からも、日本のアニメーションは世界中に拡散しやすいと言える。

錯覚が生み出す思考と感情

アニメーションは異なる画像（手書きやCG）を連続して提示することで、見ている側が動いていると錯覚するような基礎技術を指す。この技術の根本にあるのが、静止画の連続を仮想の運動として知覚する「ファイ現象」である。物理学において、この仮想運動の錯覚は「ベータ運動」と言われている。物理的な運動がない静止画にもかかわらず、まるで動いているように見える。

この「動いているように見せる」ことがアニメーションのポイントである。アニメーションを視覚的な錯覚と定義できるだけでなく、「感情、思想の錯覚」を生み出すことにもつながるからだ。言い換えると、実存しないキャラクター、空想のストーリーが鑑賞者に思考や感情を湧きたたせる。このような力を持つアニメは「現実の類似体験」と呼ぶことができるだろう。

またアニメーションの目的は娯楽である一方、その歴史を振り返ると当初は教義布教のように、教育や知識を普及する目的もあった。つまり、アニメーションはその原始から気晴らしだけではなく「何かのため」という存在意義が含まれていたのだ。

第2章　日本と西洋のアニメは何が違うのか

「Cartoon」と「Anime」

この章では、アメリカを主とした西洋のアニメーションを日本アニメと比較分析し、お互いの特徴を見つけたいと思う。フランス、イタリア、ロシア、中国、韓国など自国のアニメーションスタジオで作品を制作している国はいくつかあるが、作品数やアニメーション技術の発達を見るとアメリカと日本がトップクラスに位置していると言っていいだろう。

現在のアメリカでは、西洋製のアニメーションは「Cartoons」と呼ばれる一方、日本製のアニメーションは「Anime」と呼ばれている。両者は別物なのだ。では、その違いは何だろう。

まずはスタイルの違いを指摘できる。Anime のキャラクターのビジュアルは細部まで丁寧に作られ、表現の手法も幅広い。コミカルに、ドラマチックに、あるいはヒロイックに……と、無限の可能性がある。Cartoons のキャラクターは不恰好、素朴でコミカルなスタイルが主で、無機物や動物を擬人化するケースが多々ある。また、Cartoons の描写は

Animeほど細かくない。キャラクターの恰好、服、スタイルは単調で、ビジュアル的なこだわりは少ない。使われる色も単色だったりする。そしてコミカル、ライトな表現で笑いを誘うことが多い。

従って、私の意見としては、Animeで引き起こされる感情の幅はCartoonsと比較して極めて広い。Animeはストーリーを通じてキャラクターの顔に悲しさ、嬉しさ、絶望、憧れ、恐怖、違和感、感服など複雑な感情が表出される。一方のCartoonsは、長編作品の場合は複雑な心情が描写されることもあるとはいえ、主には笑いを引き起こすために制作されていることもあって、教訓めいた話や童話のニュアンスから抜け出しがたい。

両者の違いは、ターゲットの違いからも部分的に説明できる。Animeの場合はその中にもいくつかのジャンルが存在し、作品ごとに特定の視聴者を狙う。だから大人向け・子供向けはもちろん、性別や趣味・嗜好などによってもターゲットは異なる。一方、Cartoonsは基本的に子供向けのエンタメとして考えられている。子供のための娯楽という機能を果たし、作品に関連したおもちゃが販売される。

リミテッドアニメーションとは何か

以上は大雑把な比較であり、日本アニメの持つ特殊性を説明するには至っていない。これから、もう少し細かな比較をしていこう。

西洋のアニメーションを称賛する専門家は、日本のアニメーションは横着なところがあると批判する。一方、日本のアニメーションを褒める専門家は、アメリカのアニメーションは不恰好で、単調でコミカルな表現しかできないと批判する。アメリカのアニメーションを称賛する人はなぜ、日本のアニメーションを横着だと主張するのか。それを理解するには、「リミテッドアニメーション」という概念を知る必要がある。

リミテッドアニメーションはフルアニメーションと相対する用語である。アニメーションは「24ＦＰＳ」（ＦＰＳ＝Frame Per Second）、つまり１秒を24コマで構成するのが普通であり、フルアニメーションでは「１コマ打ち」といって24枚の静止画を使う。しかしリミテッドアニメーションの場合は「３コマ打ち」、つまり24コマを８枚の静止画で構成するのが典型的だ。要は、一つのシーンを構成する絵の数が少ないのである。

これは先述の通り、手塚治虫率いる虫プロダクションが少ないリソースで効率よく作品を制作するための手段だった。元々は１９４２年にワーナー・ブラザーズが実用化した方法だが、日本で進化を重ね、日本アニメ特有の表現手法として知られるようになった。現在の日本アニメはリミテッドアニメーションをフルアニメーションの劣化版ではなく、別の洗練された表現手法として使っていると言える。また、ディズニーなどが積み重ねてきたアニメーションの「黄金の法則」（カメラワークやアクションの見せ方など）を一部守りつつも、時にはそこから逸脱する表現を発展させてきた。

人間の描き方

西洋のアニメ（アメリカのCartoons）と日本のアニメのもう一つの大きな違いは人間の描き方、身体のスタイルである。日本の場合、人間の目は大きく、その中に描かれる光の反射が目立つ。顔は小さく、目と比べて鼻と口もかなり小さい。鼻と口を描く線は少ないが髪の毛とまつ毛は線が多く、服などのデザインも精緻に描かれる。加えて色の描写も細かく、一色の場合でも濃淡があったりする。環境や背景の描写とは異なり、人間の描き方にはリアリズムが欠如しているとも言える。またリアリティのある欠点は除かれ、キャラクターは理想像のように描かれる。

一方、西洋アニメの人間は戯画化される傾向が強い。コミカルで、顔のシワや禿《は》げ頭などマイナスとされがちな部分も容赦なく描かれる。色は単純で、光や影を用いたドラマチックな描写はあまりない。

まとめると西洋のアニメは人間や背景の見た目が大雑把な反面、フルアニメーションで描かれる。一方、日本のアニメはリミテッドアニメの技術を工夫することが多く、さらにカメラの角度や遠近のズームに変化をつけたり、背景やキャラクターのディテールを増したりして綿密な仕上がりとなる。

「媒体」としてのアニメ

他の大きな違いは作品のターゲットである。ご存じの通りアニメは元々、子供専用の娯楽だった。特に西洋では実写映画は作品を堪能したい大人向け、アニメは子供向けと線引きされた。だからこそCartoonsはお笑いの要素が強く、ライトなコンテンツとして見られる。

もちろん例外も存在する。例えば『ザ・シンプソンズ』は子供向けの番組として捉えられると同時に、大人も楽しめる社会風刺やブラックユーモアが含まれている。子供から見ればたわいもなく笑えるシーンが、現代社会を皮肉っていたりするのだ。とはいえ『ザ・シンプソンズ』も基本的には笑いを目指した作品で、ポジティブな雰囲気だ。ドラマチックではない。

こうした背景から、Cartoonsに慣れた西洋人が初めて日本のアニメを見ると、驚きを隠せないことが多い。日本アニメは必ずしもライトな作風に限られていないし、実写映画と同様にあらゆるジャンルが組み込まれている。一つの作品がアニメと映画の両方で映像化されることもある。

どうしてCartoonsは子供向けのエンタメやコメディの域を出ないのだろうか。それは、ストーリーとキャラクターに感情的な描写、もっと言うなら「負の感情」が存在しないからではないか。そのため浅はかで、洗練された感じがしないのではないだろうか。

日本のアニメは苦しみや葛藤、それを通じたキャラクターの成長を描き出す。これは古代の劇と類似している。すなわち日本アニメはストーリー、ナラティブ（narrative）の「媒体」となっているのだ。

例えばあなたが書店に入って本を探す時、様々なジャンルの本が棚に並んでいることに驚かないだろう。ＳＦやファンタジーがあればノンフィクションもあるし、教科書や問題集に料理本もある。「本」といっても、それ自体は何かの内容を伝達する「媒体」にすぎない。日本アニメはこれと同様の意味で、多様なテーマを扱う。西洋のアニメは童話の次元にとどまり、なおかつ極めて狭い内容に限定されているため、媒体の機能は果たせないだろう。

異なる「力」のあり方

西洋と日本のアニメのもう一つの大きな相違は、キャラクターのスペックにある。日本アニメのキャラクター設定を見ると、流行り廃《すた》りは確かにあるが、監督・原作者の伝えたいメッセージに合わせたキャラクターを設計する。作品によって少年・少女などの縛りもあったりするがパーソナリティは多様で、可能性は無限大と言える。そこには人間の喜怒哀楽が豊かに吹き込まれる。一方でCartoonsは動物の擬人化や、人間の場合もキャラクターの立場・職業のステレオタイプを反映するシンプルな設定が定められる。

主人公の特徴も異なる。（近年は変化の兆《きざ》しもあるが）西洋のヒーロー・ヒロインはそれぞれの性別のステレオタイプを有する。ヒーローは男らしさを誇示するために青年または中年が頻繁に登場する。マーベル作品などに明らかな傾向だ。ヒロインもヒーローと同様にパワフルで自立した存在だ。そして、見た目もいわゆる女性らしさに特徴づけられる。

一方で日本アニメの主人公は「力」の概念自体が違う。力とは筋肉ではなく、内なる力＝精神の力と定義される。ヒーロー・ヒロインともに成熟した大人ではなく子供や思春期のケースが多く、つまりは第二次性徴後の身体に依存しない。総じて子供っぽく、それが精神の純粋さを示すこともあれば、性格の幼稚さを示すこともある。西洋のヒーローは筋肉のように硬く、四角く、成熟しており、日本のヒーローは丸く、柔らかく、未熟である。

ここで強調しておきたいのは、この「柔らかさ」が千差万別の物語を引き出す力を持ち、日本アニメが娯楽を超える力を秘める理由の一端であるということだ。

第3章　アニメは何のために存在するのか

本章ではそもそもアニメを含め「物語」にはどのような力があり、なぜ存在するのかを考えたい。

ギリシャ悲劇とカタルシス

古代ギリシャの哲学者アリストテレスは『詩学』の中で、芸術を通じた負の感情の浄化プロセス「カタルシス」（catharsis）の概念を論じた。アリストテレスは、芸術の鑑賞は特に恐怖と憐憫《れんびん》に対して有効であると述べ、悲劇や喜劇に触れた観客に引き起こされる現象としてカタルシスを説明する。

古代ギリシャの悲劇にはアナグノリシス（anagnorisis）という概念も存在する。「認知、悟り」に近いニュアンスで、『オイディプス王』が典型的な作品とされる。悲劇の途中、主人公は決定的な危機と向き合う瞬間にアナグノリシスへと至る。ギリシャ悲劇の主人公たちは危機を迎えて初めて認知的な悟りを開いて、運命という荒波に翻弄《ほんろう》されることをやめ、自分自身を人生の主体として振る舞うようになる。

カタルシスは感情に、アナグノリシスは認知に関わる概念と捉えられる。カタルシスは認知的な啓発をもたらす部分もあり、研究者の間でも意見は分かれるが、個人的には両者には関係があるように思う。

実は、筆者の提唱するアニメ療法ではこの関係が重要になる。人が何らかのストーリーに触れて登場人物に感情移入する時、カタルシスだけでなくアナグノリシスも生じるのではないだろうか。つまり、物語は感情だけでなく考え方や思想まで大きく変える可能性を秘めていると筆者は考えている。この感情と認知の関係については、第9章でも詳しく検討する。

カタルシスについてもう少し説明を続けたい。そもそもアリストテレスは、カタルシスを医学的なプロセスとしても捉えていた。体内から悪いものを排出して浄化する過程が、広くカタルシスと考えられたのである。つまりカタルシスは心と身体のどちらにも関係しているのだ（ただし『詩学』においてはもっぱら前者の浄化作用が注目される）。

アリストテレスの考えでは、人が日常生活で経験する感情には偏りがある。喜怒哀楽のバランスは一様でなく、ともすればカオス（無秩序）になりがちであるとされた。これを、緻密に計算された悲劇の鑑賞を通じて整えられるというのが、アリストテレスの主張であった（彼の師であるプラトンも、これに近い考えを持っていたようだ）。

悲劇の鑑賞が感情の整理に役立つとして、それはどのようにしてだろうか。ここで重要になるのが、「ミメーシス」（mimesis）という概念である。

ミメーシスとは一言で言えば「模倣《もほう》」を指す言葉だ。アリストテレスの考えでは、芸術とは模倣に他ならない。現実に存在する物や事を基にして、洗練された理想形を作り上げていく。この過程こそアート（芸術・技術）なのである。つまり芸術とは、日常の意味を変質させる営みであるとも言えるだろう。

私たちが普段接している陳腐《ちんぷ》なものを崇高なものへと昇華する、これは見方によっては治療的なニュアンスを帯びることになる。例えば、苦しみ泣き叫ぶキャラクターを見て、どこか心が浄化されたような経験はないだろうか？　これこそがアリストテレスのいうカタルシスに他ならず、この過程はいわゆる「ホメオパシー」（同種療法）に近いものがある。負の感情や特定の症状を引き起こす「毒」が、同時にそれを治療する「薬」にもなるのだ。日常生活ではどうしようもない恐怖や悲しみ、あるいは絶望といった感情も、舞台の上では劇的に美しいものとなる。悲劇を通じて「模倣された感情」に触れることで、自分の抱える同種の感情が和らげられる。こういった意味で、カタルシスをホメオパシーに類する治療と見なすことができるだろう。

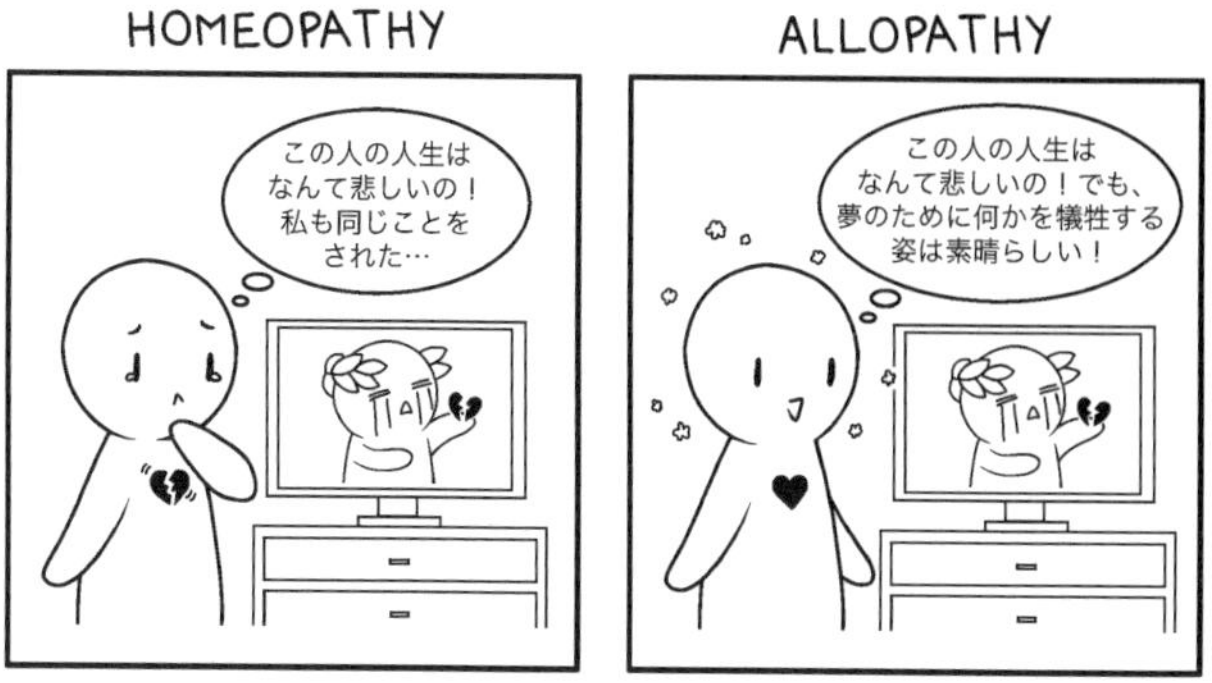

図2　物語鑑賞におけるホメオパシーとアロパシー

ちなみに、観劇の治療的側面はこれだけにとどまらない。それまで知らなかった感情に触れることも、一つの治療たり得る。むしろ、こちらの方がわかりやすいかもしれない。例えば、誰かの成功に大喜びするキャラクターを目にすることで、初めてその心地よさを理解できることもあるだろう。こちらは、近代西洋医療で主流の「アロパシー」（対症療法）にも近いところがあると思う（**図2**）。

　カタルシスについて論じた哲学者はアリストテレスだけではない。例えばプラトンは、カタルシスを「魂の浄化」と捉えていた。下等な現実世界に属する感情が、カタルシスによって徐々に浄化される。それによって魂は、理性の領分であるイデアへと近づく。感情あるいは感覚に流される魂が浄化されることで、人は善良さを獲得するとされたのである。

ちなみに、プラトンのイデア論を継承したネオプラトニズムの哲学者であるポルピュリオスによれば、人はカタルシスによって理性のみならず神性にも近づけるという。現実世界における過剰な感情を整理することが、神の領域にも通じる道となるというのだ。

ヒステリーの軽減

古代ギリシャから時代を大きく下って１８００年代、今日的な意味での精神医学が成立する。そこでもカタルシスの概念は重要なものとなった。ここで取り上げておきたいのが、オーストリアの精神科医ヨーゼフ・ブロイアーである。彼はカタルシスを臨床治療へ応用することを着想し、その後フロイトにも影響を与えた。

ブロイアーは、アンナというヒステリー患者の治療に取り組んだことで知られている。

余談だが、ヒステリーという語は「子宮」を意味する古典ギリシャ語に由来する。ヒステリー患者のほとんどが女性であったため、子宮に宿る病気だと考えられていたのだ（アンナも21歳の女性だった）。感覚喪失、麻痺、幻覚、意識障害、頭痛などが典型的な症状として挙げられる。その後医学の進歩で心の変調に由来するものだと判明し、今ではアメリカ精神医学会が発行する『精神障害の診断と統計マニュアル』（ＤＳＭ）においては「身体化症状」

に分類され、先に見た症状にも「転換」や「解離」といった呼称が与えられている。

ブロイアーの治療法に戻ろう。彼はアンナの治療を試みる過程で、ある重要な発見をした。催眠状態の患者が自身の経験や記憶を語ることで、ヒステリーの症状が軽減されると気づいたのである。「催眠浄化法」と呼ばれるこの治療法において、医師は患者の感情整理を手伝うにすぎない。積極的に働きかけるのではなく、相手の感情が浄化されるに任せるといったところだ。それゆえこの治療法は、「カタルシス療法」とも呼ばれる。カタルシスの経験によってアンナの症状は軽減されたのだ。ちなみにアンナの方はこれを「談話療法」、あるいは冗談めかして「煙突掃除」と呼んでいた。汚れて詰まった煙突を掃除するように、対話によって心を綺麗にするというわけだ。

カタルシスを利用するこの手法は、後にフロイトの精神分析療法でも活用された。フロイトのいうカタルシスは、トラウマ体験によって抑圧された記憶や感情を呼び戻し、それを患者自身が再確認することを意味している。この場合でも、患者の感情はカタルシスによって整理されることになる。

サテュロス劇が2本目に挟まれた理由

古代ギリシャの時代からカタルシスと演劇の間に深い関係があったことは理解してもらえたと思う。

演劇とはいうなればエンターテインメントの原型である。古代ギリシャの演劇も現代の実写映画もアニメも、同じ「娯楽」の一形態である。日々の雑事や労働から離れ、しばし楽しい時間を過ごす。そのための手段は、人類史上のいついかなる時代にも存在していた。そして、こうした気晴らしとしてのエンタメは往々にして時代や社会の葛藤を描き出してきた。それゆえ、多分に教育的な側面も備えている。

古代ギリシャにおいて演劇は主に三つのジャンルに分けられていた。喜劇と悲劇、そしてサテュロス劇（笑劇・茶番劇）である。権力者を滑稽《こつけい》に描く、風刺としてのニュアンスが強い喜劇。罪を犯して神々の怒りを買うなどして災いにあい、負の感情が前面に押し出される悲劇。両者の中間に位置づけられるのがサテュロス劇だ。

半人半羊の精霊サテュロスを主人公とするこの劇は、神話や叙事詩《じよじし》を題にとりながらも、その猥雑《わいざつ》さで笑いを誘う短い茶番劇であった。そのため、悲劇（トラジディ）と喜劇（コメディ）を混ぜた「悲喜劇（トラジコメディ）」の源流と見なされている。

当時は3本の劇がまとめて上演されることが多く、2本目に挟まれたのがサテュロス劇だった。悲劇によって揺り動かされた感情をサテュロス劇によって休ませる意図があったのだろう。感情の休憩時間である。このような構成自体、悲劇の鑑賞が感情にどれほど深く関わる体験かを物語っている。

古代ギリシャの演劇にせよ、現代の映画やアニメにせよ、エンタメはそれを見る者の思考と感情に何らかの反応を引き起こす。とりわけ感情に注目した場合には、このような作用を「感情喚起」と呼ぶ。ここで喚起される感情は、極言すれば「快」感情と「不快」感情とに分けられる。これらの感情が人間の覚醒度や注意力、あるいは記憶にまで影響を及ぼすことも明らかになっている。

コメディの効力

ここからは、「見ること」によって喚起される感情について詳しく解説したい。というのも、視覚刺激が生み出す感情を把握できれば、その元となる演劇や映画、そしてアニメが人間にもたらす効果を測定できるはずだからだ。

ちなみに視覚刺激に関する研究は心理学の領域で盛んで、定量評価の手段としてIAPS

（国際情動写真集）という世界標準の写真集まで作られている。掲載された写真を目にした人の反応を、快‐不快、興奮‐鎮静といった指標で評価するのである。

一つ、興味深い実験を紹介したい。２型糖尿病の患者19人の被験者は食事をとった後、ある日には退屈な授業を受け、別の日にはコメディ映画を鑑賞する。両方の血糖値を測定・比較したところ、コメディ映画を見た日の方が血糖値は有意に低くなっていた。つまり笑うという行為が血糖のコントロールに影響を及ぼすことを示している。

これに関連して、メリーランド大学の実験も取り上げたい。こちらの被験者たちは一方のグループがコメディ映画を、もう一方がドキュメンタリー映画を鑑賞するように分けられた（コメディが笑いを誘発するのに対し、ドキュメンタリーは悲しみを喚起することに注意しておきたい）。鑑賞後、コメディ視聴者の血圧と脈拍はともに高い値を記録し、血管も安静時に比べて17％ほどの拡張が見られた。ドキュメンタリーのグループが約15％の収縮を見せたのとは対照的である。しかも腕の血管などの局所的な反応ではなく、心臓に血液を供給する冠《かん》動脈においても観察された。この実験からも、コメディが循環器の働きに好影響を及ぼすことがわかる。

また、オックスフォード大学が２０１６年に行った実験では、悲しみがもたらす恩恵も確認された。精神的なトラウマを抱える被験者が悲しみを伴うドラマを視聴したところ、ストレスを軽減させるβ《ベータ》-エンドルフィンの分泌が促進された。これによって、他者への寛容性や集団への帰属意識、疼痛《とうつう》への耐性までもが高まるとされている。

以上の実験で得られた結果は現代のドラマやアニメに限らず古代ギリシャの演劇にも、視覚刺激が感情を刺激するという点で通じるものだと考えられる。

昼夜の篝《かがり》火《び》で語られること

私たちはフィクションを通じて様々な感情を喚起され、感動し、時には精神的・身体的な影響を受ける。物語を通じて何か満たされたいという欲求は、人類共通の普遍的なものだろう。先にも述べた古代ギリシャの演劇からも、ディズニーをはじめとしたアニメの発展からも、そして膨大な数の企業や個人が作品を生み出している今日のエンタメ産業の姿からもそれは明らかだ（そう考えると、エンタメ鑑賞の医学的意義に関する研究は不思議なほどに少ない）。

物語は社会にとっても実用的な意味を持つ。かつての人類にとって、ほとんど唯一と言ってよいエンタメは、火を囲んで集まることだった。とりわけ狩猟採集社会における夜（時には日中）の篝火は、その構成員が一堂に会するという点でも社会的な意味があった。

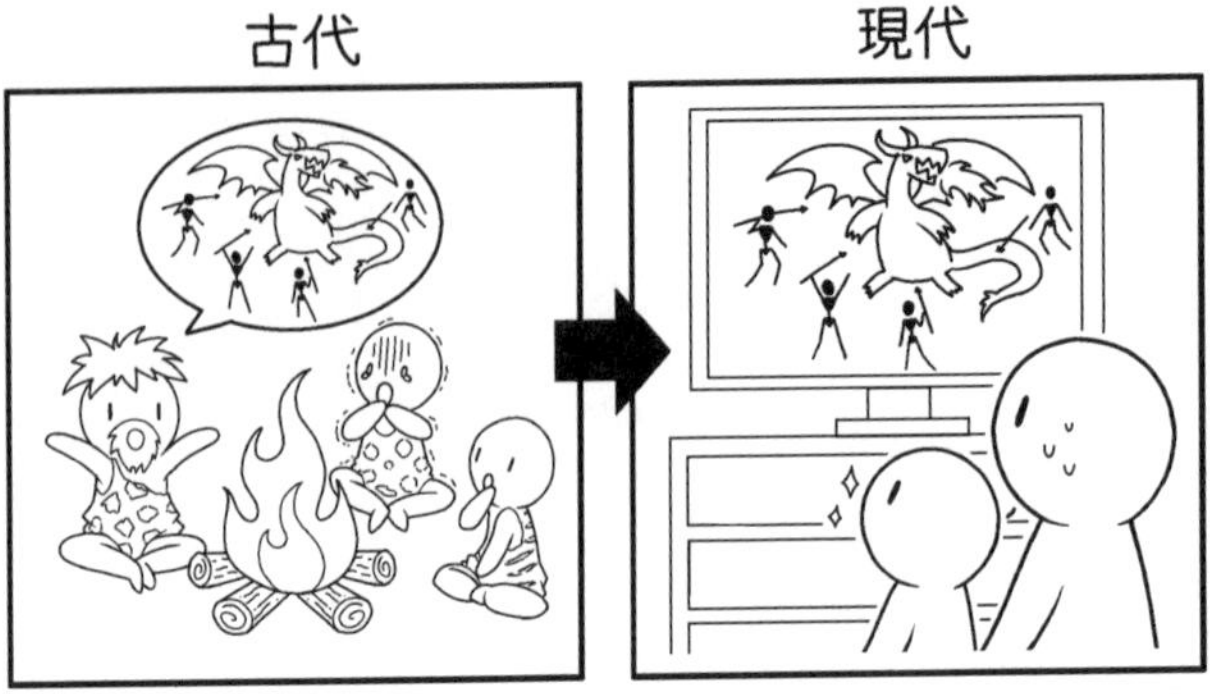

図３　夜の篝火と現代のエンタメの共通点＝物語

現代でもこの習慣を受け継ぐナミビア北東部（約３万人）とボツワナ北西部（５０００人）からなるジューホアン族を観察した研究者たちは、以下のような発見を報告している。

ジューホアン族は昼夜を問わず篝火の周りに集まるが、そこで話される内容は昼と夜で大きく異なっている。日中には経済的な課題やコミュニティの運営に関わる案件が頻繁に取り上げられ、軽い話題であれば噂話などが多くなる。概して現実的な話題が主なのだ。

これに対して日が沈むと、冴えた星空の下で篝火を囲む人たちの間には、日中とは異なる雰囲気が漂《ただよ》う。そこでは実務的な案件が影をひそめる代わりに、神話や宗教、あるいは寓話など、フィクションと呼べるような話題が前面に出る。今度は概して創造的な話題が主となるのだ。アニメをはじめとする現代のエンタメの原型はこの、夜の篝火にあると言えるだろう（図3）。

１００万年前の人類にとっても、事情は同じだったはずだ。当時の原始的な物語は、単なるフィクション（空想）にとどまらず、現実世界に適用できる行動規範や知恵をも含み持っていた。伝承や儀式として人々の前に現れ、その行動を支配する物語は、原始コミュニティにおける一つの「憲法」であったとさえ言えるかもしれない。火の光に照らされた物語はその場に居合わせた人たちの感情をシンクロさせ、互いの理解や信頼、共感を引き出す。

こうした夜の集いが日中の活動にも良い影響を与えたであろうと、文化人類学者も指摘している。物語の共有と儀式によって社会的な絆が育《はぐく》まれるのだ。ここには物語の持つ実用的な意義が極めて明白な形で現れていると言えるだろう。

モデリングと観察学習

古来、物語が実用的な意義を持っていたことを確認したが、これだけではアニメという現代のエンタメを考察するには不十分だろう。ここではアルバート・バンデューラという心理学者が提唱した「社会的学習理論」を基に、アニメが持つ教育的な意義を確かめたい。

社会的学習理論とは、人間が他者を観察してその行動を模倣する「モデリング」を通じて

図4　観察学習

様々な社会規範や慣習、行動を学習しているとする理論である。これは、当人の経験を通じた直接学習の重視が支配的だった時代に、間接的な観察学習の役割を強調した点で画期的な考えであった（図4）。

バンデューラによれば、私たちの観察学習は四つの段階に分けられ、一連の流れを通じて人は他者の影響を受けながら様々なことを学んでいくとされる。

① 注意過程：観察対象に注意を向ける段階

② 保持過程：観察したことを記憶する段階

③ 運動再生過程：観察した行動を自分で模倣する段階

④ 動機づけ過程：①〜③で学習した行動を反復するモチベーションを高める段階

バンデューラ自身が行った最も有名な実験は「ボボ人形実験」として知られる、暴力映像を用いたものである。被験者の子供たちは、人形に対して暴力を振るう大人の映像を見せられる。この時大人も一緒に映像を視聴しているのだが、あるグループではその暴力行為を褒め、別のグループでは批判をした。映像を見終わった子供たちは別室に移され、暴力を振るわれていたのと同じ人形を目の前にする。すると、大人が動画を褒めたグループの子供たちは、そうでないグループに比べて明らかに暴力行動の回数が多くなったことが報告されている。

　もちろん、子供たちが暴力行動を学習したことの前提には映像の視聴がある。だが、同じ映像を見たはずの両グループ間で有意な差が確認されている。すなわち、観察対象が称賛あるいは批判されることで、それを見た者の学習に影響が出るのだ。これは「代理強化」と呼ばれる事象で、ここでは一緒に映像を見た大人の称賛が正の強化要因であり、批判は反対に負の要因となっている。

　社会的学習理論が興味深いのは、観察対象が生身の人間には限定されないことにある。ゲームや漫画、そしてアニメなどのフィクションに見られるキャラクターも、観察学習のモデルになり得るのだ。代理強化と併せて考えると、フィクションに対する社会の評価が物語を通じた学習に影響を与える可能性も否定できない。

なぜ人は物語を必要とするのか

古今東西、人類は娯楽を、物語を求めてきた。本章で見てきたその理由を大まかに整理すると次のようになるだろう。

・楽しむ、笑うため。研究でも証明されているようにコメディの鑑賞はストレスや疼痛の緩和など様々な好影響をもたらす。

・感動を覚えるため。私たちは必ずしも笑える作品だけを好むわけではなく、時には不愉快さを覚えるようなコンテンツに心を揺さぶられる。古代ギリシャの悲劇のように、カタルシスを得ることもできる。

・社会的な絆を深めるため。ジューホアン族の例に代表されるように、物語を通じて我々は他者の感情や行動パターンを理解し、それによって心の距離は縮まり、社会的結合が生まれる。

・学ぶため。エンタメはただの気晴らし、あるいは感情的な体験ではなく、認知的な体験も含んでいる。架空の存在を含め、物語におけるモデルへの観察学習を通じて私たちは何かしらを学ぶ。

もちろん他にも様々な要因があると思われるが、右記の四つだけでも私たちが物語を必要とする理由、逆に言えば物語がこの世界に存在する理由としては十分だろう。

第4章　アニメは娯楽以外の意味を持つか

「ジャパニメーション」の圧倒的な存在感

ここまでの章ではアニメの成り立ちや存在意義を確認してきた。では私たち現代人は、どのような形でアニメという文化を享受しているのだろうか。また、現代においてアニメは果たして娯楽以外の意味を持ち得るのだろうか。様々な事例やデータも参照しつつ迫りたい。

世界のアニメ市場の規模は年々拡張し、２０２０年時点で約２３５億ドル（約3兆３５５０億円）と見積もられている。その中でも日本アニメは世界的に高く評価されており、そもそもアニメ自体が日本に根差した独自色の強い文化として受容されることも多い。日本で制作されたことを強調する「ジャパニメーション」（Japanimation）という呼称も使われるくらいだ。実際、世界における日本アニメの存在感には圧倒的なものがあり、２０１９年のシェア率は46・6％と、市場のおよそ半分を占める。

総務省の「放送コンテンツの海外展開に関する現状分析（２０２０年度）」によると、日本の放送コンテンツの海外輸出額は右肩上がりに増えており、２０２０年度は約５７１・１億円だった。ジャンル別に見ると、なんとそのうち約87%にあたる４９６・３億円をアニメが占めている。ちなみに輸出先の地域は約半分がアジアで、これに北米を足すと約８割になる。

そんなアニメの「もと」を作っているのがアニメーションスタジオで、日本国内には６００以上ものスタジオがあるとされる。誰もが知るスタジオジブリや京都アニメーションをはじめ、東映アニメーション、サンライズ、マッドハウス、ぴえろ、プロダクション・アイジーなど様々なスタジオが世界のアニメ市場で活躍している。こうした会社の多くが東京に集中しており、全体の９割近くが都内にあるとの統計も見られる。

日本のごく限られた地域で制作されたアニメーションが世界的に受容されている背景には、インターネットとストリーミングサービスの爆発的な普及がある。テレビ放送がメインだった時代は放送権が取得されたアニメしか海外へは届かず、その多くは現地語に吹き替えられた。また国営テレビ局の場合は検閲が入ることもあり、日本アニメの中身がそのまま伝わるケースは限られていた。だが現在はNetflixやAmazonを筆頭に様々なサービスが生まれ、海外の鑑賞者を念頭に置いた作品も増えた。

アニメをきっかけに日本の伝統や芸術に魅了され、実際に日本を訪れる人も後を絶たない。中でも日本に特徴的な文化が、アニメの舞台となった土地や関連スポットを訪れる「コンテンツツーリズム」の一種「聖地巡礼」である。他にも、賛否両論はあるが自衛隊などの募集ポスターにアニメキャラクターを採用したり、クールジャパン政策の一環としてアニメを活用したりするなど、アニメは作品を超えて様々な役割を担うようになっている。現在のアニメはテレビやパソコンの前で完結するものではなく、人と場所とをつなげる向社会的な要素を含むと言える。

アニメのソフト・パワー

よく知られるように、アメリカの国際政治学者ジョセフ・ナイが提唱した「ソフト・パワー」という言葉がある。これは軍事力や経済力といった強制的な力（ハード・パワー）との対比で用いられる表現で、アニメを含めた文化財産やその国の価値観（例えば自由や民主主義）などの魅力を指し、それも国家の影響力たり得るとされる。ソフト・パワーは強制力を持たず他国に無理強《じ》いをしないが、それがかえって国際社会における信頼や発言力の獲得にもつながるとされている。当然、日本のアニメや「オタク文化」はこのソフト・パワーに該当すると言えるだろう。

かつて「オタク」という言葉は蔑称《べつしよう》の一つで、マイナスイメージを帯びていた。だが2

０００年代以降イメージは徐々に好転し、今日では日本の経済、文化を支える主要なエンタメと見なされるまでになった。ちなみに筆者が過ごした１９９０年代のイタリアでは『キャプテン翼』と『アタッカーＹＯＵ！』がイタリア語の吹き替えで放送されて大人気となり、サッカーとバレーボールを始める若者が爆発的に増えた。日本でもそうした例は数多く挙げられるだろう。

アニメ作品では、それがどれだけ非現実的で幻想的な内容であっても、友情、愛、忠誠、正義、死といったテーマが必ずと言ってよいほど扱われる。これにより視聴者の感情を揺さぶることが多い。

とはいえこれも一つの大きな特徴だが、アニメは視聴者に過剰な精神的負荷を強いることはないとされる。あくまでエンタメの役割を保ちつつ、カタルシスを得られる展開が構成されるのだ。軽い気持ちで視聴できて、人生の核心に向き合えることは大きな長所である。例えば『黒子のバスケ』にはスポーツファンに向けた真剣な内容と、軽い気持ちで楽しめる雰囲気とが両立されていると指摘する海外の研究者もいる。

なお留意しておきたい点として、日本のアニメ業界は決して明るい話題ばかりではない。生産能力は限界に達し、市場は飽和しているとの見方もある。またよく知られているように、制作現場の低賃金や慢性的な長時間労働も問題視されている。

必要なのはロールモデル

ここからはより具体的に、アニメ（物語作品）が人間の感情や認知、行動を変化させることの可能性を考察したい。

映画を鑑賞し、漫画を読み、アニメを視聴する。時には悲しみや恐怖を抱き、時には感動を覚える。そして新たなインスピレーションを得る。このような経験は、きっと誰しも身に覚えがあるはずだ。物語には実に様々な感情を体験させる可能性が秘められていることは間違いない。物語で描かれる誰かの人生を通じ、それまでは持ち得なかった視点を垣間見る。それは時に、私たちが抱える人生の困難を解決するヒントを与えてくれるだろう。

臨床心理学の世界において、すでに物語作品は「娯楽」の域を超え、治療に寄与するものとして注目されている。

その利点はいくつかある。例えば、私たちが日常生活で出会う悩みは一見して単純なものでも、その実多数の要因が複雑に絡まり合っていて、整理しにくい。だが、物語作品で実際よりもいくらか単純化された、共通する悩みに出会うことで、よりシンプルに整理しやすくなる。例えばアルコール依存症に悩んでいる人には他にも複数の要素が絡み合ってその悩みに結実しているが、必要なのはあくまでもアルコール依存症から回復するキャラクターという「ロールモデル」だ。

他の利点としては、複雑な悩みを抱える患者への負荷が小さい点がある。臨床心理士やカウンセラー、あるいはセラピストと向き合い、自分の内面を率直に打ち明けるのには困難を伴う。恥や劣等感、時に罪悪感にまで押し潰されてしまう患者の姿は容易に想像できるだろう。悩みに向き合うことも、それを共有することも、決して心理的負担の小さい作業とは言えない。そのようなカウンセリングと比べ、物語作品の鑑賞が強いる負担の小ささは明らかだ。また作品を介してであれば、自分の考えや感情について話すことへのハードルも下がるかもしれない。こうした長所は、筆者がアニメ療法を考えついた理由の一つでもある。

加えて、治療方法によっては鑑賞した作品について後でセラピストと話し合うことも可能である。

映画療法にできること

ここで、これから幾度も目にすることになる「物語作品」という語に定義を与えておこう。

本書では物語作品を、映画、アニメ、漫画、小説、ゲームなどの、ストーリーを軸としたフィクションと定義しておきたい。このような物語作品を用いたアニメ療法の形態は、大きく二つに分けられる。

① 物語作品を鑑賞すること自体が治療になるパターン
② 物語作品を鑑賞した後、セラピストと一緒に話し合うパターン

①は物語作品の鑑賞が引き起こす心理学的な変化が核となる。これに関してはある程度の研究データが確認されるものの、治療マニュアルとして確立されたアプローチは存在しない。②の場合はいくつかのアプローチが存在しており、臨床の現場にも導入されつつある。とりわけ、アメリカの心理学者ゲイリー・ソロモンが体系化した「映画療法」と呼ばれる手法が参考になる。ソロモンは映画が人々のつながりを深めることに着目し、臨床心理学の世界に応用したことで知られる。

なお物語作品を導入したセラピーにおいて、医者や臨床心理士は「セラピスト」、セラピーを受ける人は広く「クライアント」と呼ばれる。「患者」という呼称が避けられることか

らも、マニュアルに定義された「病気」以外の悩みにも向き合う姿勢が見て取れる。セラピーの初期段階では、当然ながらセラピストとクライアントの関係は浅いものにとどまる。そこでセラピストはクライアントの悩みに関わる映画を選び、それを視聴してもらい、内容について話し合う。このプロセスを経ることでクライアントの悩みを共有できる可能性が高まることが判明している。

　映画療法に関する実験を一つ紹介したい。87組の婚約中のカップルが問題解決型のプログラムを受けるグループ、パートナーへの共感スキルを育成するためのプログラムを受けるグループ、関係性スキルに関するプログラムを受けるグループ、そして何のプログラムも受けないグループ（非介入群）の四つに分けられた。三つ目の関係性に関するプログラムの参加者には47本の映画リストが配られ、映画療法が施された。「処方」された映画を週1回カップルで一緒に鑑賞した上で内容に関する11の質問に回答し、それを基に約45分間互いの関係について話し合うという内容だった（Rapini, M.J. 2015）。

　すると、三つのプログラムの参加者はそれぞれ離婚率が11％だったが、何の介入も受けなかったグループの離婚率は24％だった。介入プログラムが有意に有効であることがわかったのだ。映画療法ではこの他にも、家庭不和に直面する家族の物語を視聴したグループが5週間以内にコミュニケーションの改善に対して意欲的になったことが判明している。

映画療法はとりわけアメリカの臨床現場に導入されつつあるものの、未だ十分に科学的な基盤を持つ療法であるとは言えない。ただここ5年ほどで、その医学的な根拠を示す研究が次々に発表されている。映画療法は文字通り映画の内容を治療的な目的で用いるもので、個人およびグループに対して実施できる。

クライアントとセラピストへの利点

映画療法の歴史に少し触れておくと、初めて明確に定義されたのは１９９０年のことだ。リンダ・バーグ＝クロスらによる論文「映画療法：理論と適用」（Cinematherapy：Theory and Application）では、セラピストが治療的な目的で映画をクライアントに処方する療法であるとされている。ここでセラピストの目的は、クライアントが己の悩みに対する理解を深めることにある。クライアントは映画を鑑賞してセラピストと対話することで、あるいは自らその内容を反芻《はんすう》することで、映画を治療として活用する。

研究者のアラン・ニュートンによれば、鑑賞者が映画中に自分と類似した悩みを発見してもただちに心理的な変化を成し遂げることは難しいが、クライアントの心理的なバリアー

（防衛機構）の働きを弱める効果があるという。あるいは、映画がロールモデルを提供することで鑑賞者のアイデンティティ形成に寄与したり、問題解決型思考の訓練を促したりすると考える研究者もいる。

　再びゲイリー・ソロモンが出てくるが、彼曰《いわ》く映画療法の恩恵を受けるのはクライアントだけではないそうだ。セラピストにとっても映画療法の形式は優れている。映画の登場人物に絡めることで、通常のカウンセリングでは重くなりがちなトピックを扱いやすくなるからだ。セラピストが話題にするのはクライアントの身の上話ではなく、あくまで登場人物の境遇。そのような前提が用意されることで、多少踏み込んだ質問をしてもクライアントの感情を損なう可能性は低くなるだろう。映画は、扱いにくいトピックを間接的に取り上げるための強力なツールなのである。またソロモンは、「精神病性障害に苦しむ人々を除いて、ほとんどの患者に映画療法の処方は効果をもたらすと期待できる」とも述べる。

　ここまで確認してきた映画療法の効果は実写映画が対象だが、何もそれに限られるものではないだろう。架空のキャラクターが登場するアニメーション作品も同様に、セラピーの道具として使えるはずである。むしろ筆者は、実写映画よりもアニメの方にこそ大きな効果が期待できると主張したい。両者の違いについては第5章で検討するが、さしあたってはアニメにも映画療法と同じ治療効果があるという仮定の下で話を進める。

実写映画とアニメでは作品世界の次元も違えば社会的な立ち位置も異なるが、ともにセラピーへ応用可能であるとすれば、治療道具としての要件は媒体の「形態」ではないことがわかる。では、いったい何が必須要素なのか。それは物語、つまり「ナラティブ」である。

当然、映画療法が存在するように、より広い定義を持つ「物語療法」（ナラティブセラピー）も存在する。ただ、その話をする前に少し回り道をして、現在の医学がどう成り立っているのかを解説しておきたい。

ＥＢＭとＮＢＭ

現在の医学は「エビデンスベース医学」（Evidence Based Medicine：ＥＢＭ）に基づいている。これは文字通りエビデンス（実証・証拠）の上に成立するものだ。実験・観察を伴う検証を重ねた上で法則を見つけ、一つの理論を練り上げる。仮にその理論と矛盾する観測データが得られた場合には、もちろん理論を立て直すことになる。このようなサイクルからなる科学的方法が医学を含む自然科学に対して、今日の信頼できる土台を用意した。科学的実証主義の根底にあるのは「再現可能性」という概念である。理論が正しく、また適切な条件の下であれば、一度観察された現象は必ず再現できるという意味である。

しかし社会学や心理学、そして精神医学においてはやや様相が異なる。というのも、これらの学問で主役となるのは人間の情緒だからである。情緒を扱う際には客観的なデータに裏打ちされた再現可能性を追い求めるよりも、個々の感情や体験が重要となる局面も多い。自然科学的な「客体」（object）の世界とは違って、「主体」（subject）としての人間の世界には矛盾があるし、一貫性の乏しい現象も見られる。要は、得体のしれないものなのだ。

こうした人間の感情体験を尊重するために誕生したのが「ナラティブベース医学」（Narrative Based Medicine：ＮＢＭ）である。ナラティブベース医学の大きな特徴は、厳密な方法論に従わないことにある。

このような立場は「社会構成主義」の考え方を踏襲したものだ。社会構成主義によれば、客観的で絶対的な現実は存在しない。人間はコミュニケーションの中で各人の言葉や感情、立場といった要素の組み合わせの上に様々な、いうなれば相対的な現実を生成している。私たちの実感に照らし合わせても、現実をこのようなものとして解釈する立場はそれほど大それたものではないだろう。こうした見方の上に、ナラティブベース医学が成立する。

エビデンスに基づく医学は強力かつ正しい。それに異論はない。実証的な方法論は、長きにわたって自然と向き合ってきた人間の知恵の結晶である。確たる法則に基づく世界を相手にする時、この上なく有効な手法であることは論を俟《ま》たないだろう。だが、人間の感情までその世界に含めてしまってよいのだろうか。例えば、人の感情は「平均」という概念で割り切れるものではないだろう。平均値から逸脱する人間が必ず存在する以上、平均値に代表される数字を盲信することは、時にその人の感情を蔑《ないがし》ろにしてしまうことになる。

　ナラティブベース医学は、エビデンスベース医学では蔑ろにされがちであった部分を優しく拾い上げ、従来のケアにあった穴を埋めた。そこでのキーワードは「個人」や「相対」である。「絶対」な現実を志向し、「集団」としての人間からデータを収集するエビデンスベース医学とは異なり、それぞれの患者が体験したことを重んじる。

　このため、ナラティブベース医学は「オーダーメイド医学」(tailored medicine)とも関係が深い。オーダーメイド医学は「疾患」ではなく「患者」中心の医療を、という考えを核とする。疾患は一つでも、それを抱える患者は一人ではない。同じ病気に対して機械的に同じ治療法を適用することが必ずしも正しくないということを前提にする。

物語療法の核心

回り道をしたが、いよいよ本章の中心である物語療法の話に突入しよう。

物語療法は１９７０～１９８０年代にかけて開発され、オーストラリアのソーシャルワーカーであるマイケル・ホワイトとニュージーランドの家族療法士デイヴィッド・エプストンによって初めて提唱された。

この治療法は患者自身の物語（ナラティブ）を巡って実施される。つまりそこで治療の対象となるのは、診断基準に基づく客体としての精神疾患ではなく、主体としての患者の人生の物語である。

物語療法は対話を中心とする精神療法の一種と定義できる。アニメの持つ治療的な意義を論じる本書において、なぜ物語療法を参照することが重要なのか。それはやはり、「物語」がキーワードになるからだ。

物語療法の目的は、患者の「支配の物語」を書き換えることにある。

私たちは通常、何らかの信念を抱えて生きている。この信念は私たちの人生における主要な物語となり、それに基づいてあらゆる人間関係を、言うなれば現実を構成していく。その人にとっての世界を形作るという意味で、その信念を「支配の物語」と呼ぶ。

この物語が持ち主の存在や価値を肯定する限り、大きな問題は生じない。たとえ物語に支配されていようとも（むしろ支配されている方が）、私たちは幸せに生きられる。ただし、物語がその主人公を否定するようなものであれば、人生は不幸なものへと転じてしまいかねない。

そもそもなぜ、私たちは自分自身を否定するような物語を抱えてしまうのか。簡単に言うと、失敗体験を感情的にも認知的にも誤って処理してしまうことがきっかけだ。言うまでもなく、人は誰しも失敗を経験する生き物で、失敗それ自体は珍しくない。ただし、それに対する心理的な処理がうまくいかない時がある。この誤った処理プロセスの結果、「私は敗北者である」という誤った信念が生まれるのだ。

失敗を経験した際に「私は失敗した」と認識することは健全である。しかし、そこから「私は敗北者である」という認識に飛躍するのは健全とは言えない。この考えは「私は今後も絶対に成功しない」「私には成功するだけの才能がない」という誤った信念に、容易につながり得る。それは不健全なだけでなく、端的に誤っているだろう。順序は逆で、「自分は敗北者であり、どうしたって成功できない」という人生の物語に支配されている人が、その物語を抱えた結果として失敗を繰り返すようになるのだ。

この人の物語を「今回は失敗したけれど、成功するだけの能力は備えているだろうから、今度こそ成功できるはずだ」というものに「書き換える」ことができたら、今度は積極的な行動を取れる確率が高くなる（次ページ図5）。

「意志あるところに道は開ける」ということわざではないが、何かを信じていれば、思いがけずその結果が得られることは珍しくない。信念が行動を導くのである。これは決して魔法やスピリチュアルの類《たぐい》ではなく、心理学的にも定式化された「自己成就予言」（self-fulfilling prophecy）という現象である。予言をした者はその後、予言に沿った行動を無意識に取りやすくなり、結果として予言が成就するという仕組みである。

悪い思い込みも事情は同じだ。誤った信念に従って行動すれば、懸念していたことが現実となる。すると、やはり思い込みは当たっていたのだという錯覚が生じる。これが悪循環となって、一層誤った思い込みを信じやすくなる。「私は敗北者であるから、どうせ失敗するだろう」「私は負け組であるから、どうせ成功できないだろう」と信じ込むからこそ、結果的に失敗を誘発してしまうのだ。このような誤った信念、否定的な物語を覆すのが物語療法の目的である。セラピーを通じてクライアントに別の考え、もっと健全な人生の物語を与えるのだ。

図5　物語療法（ナラティブセラピー）のカウンセリング例

外在化という手法

「失敗から抜け出せない」という信念は、患者が自分自身と失敗とを同一視していることに由来する。つまり、自分はある一回の課題に失敗したのではなく、自分こそが失敗そのものなのだと誤った思考をしてしまうのである。患者自身と失敗が同一視される時、それは「内在化」されていると呼ばれる。内在化した失敗を当人と切り離すには、外在化技法と呼ばれる手法に頼る必要がある。

外在化のプロセスは、物語療法を行うセラピストにとって第一段階と言える。このステップを成し遂げるには、患者が抱えたもの以外のストーリー、人生の物語を紹介する。例えば「私の努力が足りなかった」以外に考えられる要因を、患者と一緒になって探る。仮に、本当に努力不足が原因だったとしても、それは「自分は怠《なま》け者だ」という内在化された思い込みに起因していることが多い。この物語だけを持っていれば、当たり前ながら失敗を繰り返すおそれは高くなるだろう。こうしたクライアントに対して、セラピストは代替となる物語を紹介する。つまり、想像上の物語を用意し、それを言葉によって提示するのだ。

「物語」という語で思い出してほしいのが、今まで話題にしてきた小説、映画、アニメ、映画などの存在だ。想像上の物語をクライアントに語って聞かせるよりも、綺麗な文章表現、あるいは画像や音楽からなる物語を提示する方が簡単である。この世界に存在する物語の全てが建設的なものだとは言えないが、物語療法に応用できる物語も多数あるだろう。こうした既存の物語を治療的に用いるという発想が先述した映画療法や、この後紹介する読書療法のベースにある。

本来的には「娯楽」として生まれた物語を、エンタメとしてではなく、代替的な人生の物語として用いる。これが物語療法の核心である。より厳密な言い方をすれば、患者は物語を鑑賞することで間接的な観察学習を経験しているのである（第3章で紹介したバンデューラの観察学習を思い出してほしい）。

読書療法の長所と難点

ここまでの話を整理しよう。物語療法においては、人生に支障をきたしている強い信念、つまり否定的な物語を切り替えるために、代替となる新たな物語を提示する。このために精神医療や心理学の専門家ができることは、カウンセリングにおいて、「想像上の物語を紹介する」「作品を介して既存の物語を紹介する」の二つが主となる（ただし、アニメ療法は「その人に適した新規の物語を鑑賞させる」という新たな選択肢を目指す）。

　ここでは、まだ十分に触れてこなかった読書療法を見ておきたい。映画療法では実写映画が用いられるように、読書療法では本（小説または教育的な教科書）が用いられる。根幹となる発想は基本的に映画療法と変わらないが、読書療法はより多くの、科学的に裏付けられたデータが蓄積されている。

　本を読むだけで治療になるとは信じ難いかもしれないが、よく考えれば読書は私たちホモ・サピエンスの知恵を象徴する行為であると言える。イギリスのサセックス大学の研究によれば、読書によって軽減されるストレスは67％にもなるという。また心拍数と筋肉緊張の両方が低下するなど、本を読んでいる被験者は明らかなリラックス状態にあることも観測されている。

　精神疾患との関係では、読書療法のうつ病への有効性に関する研究がある。２０１７年に公表された読書療法の効果に関する研究のまとめでは、この療法がストレスと不安を軽減し、抑うつ状態の改善に寄与することが示唆された。そこでは、計１３４７人を対象とした10件の研究が分析されている（フォローアップ期間は3カ月〜3年）。そのうち6件では読書療法による抑うつ状態の改善率が有意に高かった（残り４件には、有意な差は認められなかった）。

読書療法が長期間にわたって抑うつ状態を改善することは、少なくとも部分的には認められるだろう。

読書療法が持つ魅力の一つに、「自助療法」になり得る点が挙げられる。自助療法とは患者本人が治療の主体となる治療方法であり、医療従事者の介入を最低限に抑えられるのが特徴だ。自助療法の利点には治療を気軽に試せることや、標準的な医療よりもコストが抑えられることなどが挙げられる。加えてセラピストとのコンタクトが最低限に抑えられるので、治療に対する心的なハードルも下がると考えられる。つまり様々な意味において、患者への負担が小さい治療法なのである（映画療法についても同じことが言えるだろう）。

読書療法は、大きく二つのタイプに分類される。一つは知識の獲得を目的とする認知行動的な手法、もう一つは「治療的なストーリーテリング」（therapeutic storytelling）を活用する方法だ。後者の治療的ストーリーテリングには、映画療法と同様に物語が含まれている。情報の収集による教育効果よりも物語のキャラクターに対する感情移入を重視し、これによって感情的な治癒を目指すのである。ただし、読書療法を実施する際の大きな制限として、クライアントの読解力に大きく依存することが指摘されている。このため、万人に効果が期待できる治療法であるとは言い難い。

「脳トレ」で知られる東北大学の川島隆太は、黙読、音読、それから動画視聴時の脳の活動を比較した研究において、音読は大脳の70％以上の神経細胞を活性化すること、特に視覚情報を司る後頭葉と、思考や創造性を司る前頭前野が活性化する結果を発表している。このため音読には、学習能力や想像力を伸ばす効果が期待される。これと比較された動画視聴では視覚や聴覚に関わる後頭葉と側頭葉が活性化されるものの、前頭前野の働きは鎮静化するとの結果が得られた。このため、動画視聴は脳のリラックスにつながるとされている。

先にも述べたが、現在の臨床心理学において最も広く知られた読書療法の有効性は、軽症および中症のうつ病に対する改善効果である。この結果をうけてイギリスでは２０１３年から政府公認の下、本を処方できる医療システムが整備されている。これは紛れもなく物語療法の大きな貢献であると言えるだろう。

物語による感情移入の仕組み

映画療法や読書療法をはじめとした物語療法は、精神の様々なところに影響を与えるとわかった。学習、緊張緩和、リラックス効果、抑うつ状態の改善など、その効能は多岐にわたる。こうした物語療法の精神的な効果を考える上では、もう一つ別の要素が重要になる。それは「共感」だ。

共感（empahty：エンパシー）とは他者の気持ちを察知する能力を指す。言葉や表情を通じて他者の感情を感知した上で、言葉と行動によってその気持ちを尊重するという、極めて人間味溢れる能力だ。人間が社会性を維持するには共感が必須で、その欠如は精神の病的な状態（反社会性パーソナリティなど）にもつながってしまう。

人間の共感力が小説、映画、アニメ、ゲームなどの物語作品によって培《つちか》えるのかという問題は、メディア心理学の分野において重要なテーマとなっている（これに加え、第10章で扱う「メディアに心理的な影響力はあるか」も永遠の問いである）。

そもそも私たちは、どのような時に物語作品を求めるだろうか。現実から離れたい時、何らかの気晴らしを必要としている時ではないだろうか。トロント大学の研究によるとフィクションの消費は社会的支援と正の相関関係があり、対照的にノンフィクションの消費は社会的支援と負の相関があると示されている。

アニメ、ゲーム、小説、映画など、実際の事実情報を含まないフィクションのコンテンツ(fictional narratives) におけるキャラクターに対して、私たちは感情移入する。また、ナラティブと感情の関係に関する著名な研究者であるオハイオ大学のメラニー・グリーンとティ

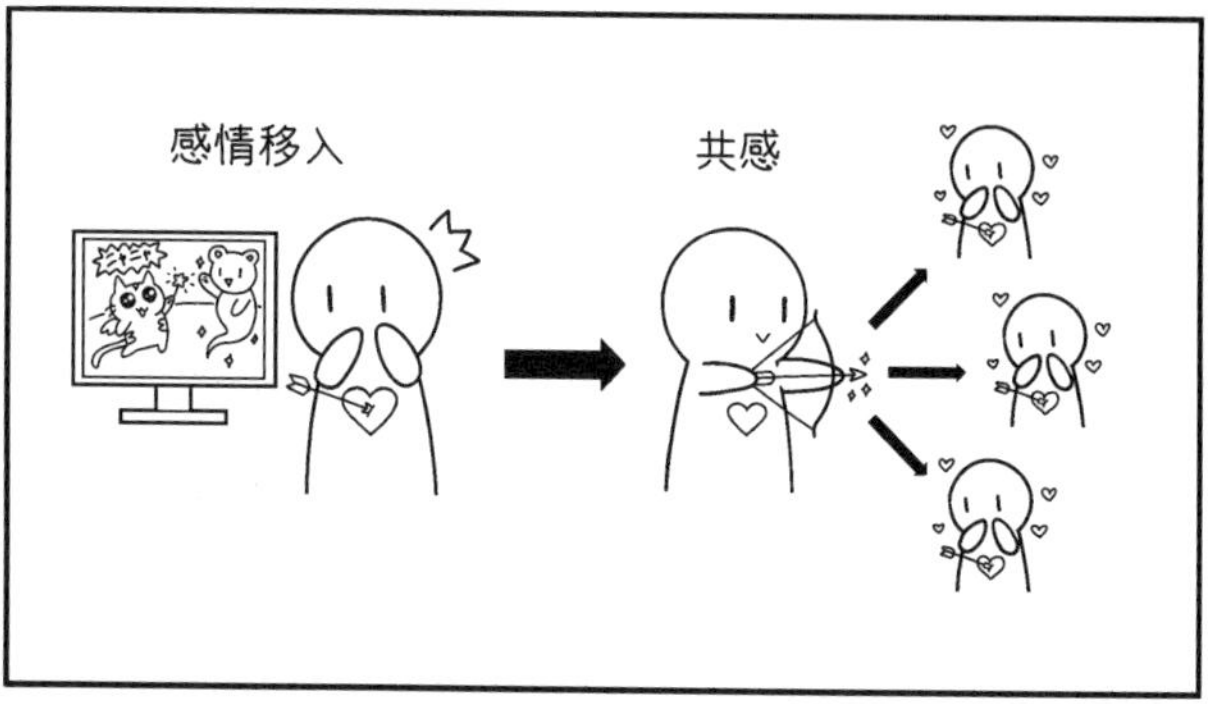

図６　感情移入と共感

モシー・ブロックらの研究を筆頭に、フィクションの消費は自己洞察、自己探求と自己開示の機会をもたらすことが示唆されている。

これらの心理的な影響をもたらすメカニズムとして想定されるのが「感情移入」である（図６）。先に名を挙げたグリーンとブロックは感情移入と心理影響の関係として「感情移入論」を仮定している。架空の物語作品の鑑賞者は、特定の個人的および環境的前提条件が満たされると、周りの環境と自身の感情が乖離《かいり》状態に陥り、「物語への没入」(immersion into narratives) をする。

グリーンらの記述をもう少し整理すると、移入とは物語の出来事に対して「注意やイメージ、感情が統合的に融合する特異な心的プロセス」とされている。移入は物語が鑑賞者に態度や信念の変化をもたらすメカニズムとされており、実証的研究も多く行われている。

堅苦しい表現になったが、物語作品の鑑賞には態度や信念を変容させる効果をはじめとして、喜びや楽しみが高まること、向社会的行動（外的な報酬を期待せず、自発的に他者を助けようとしたり、他者と積極的に関わったりすること）が高まることなどが様々な研究から報告されている。

第5章　アニメという「表現」の長所

アニメらしさを奪う不気味の谷

本章では、アニメーションという表現方法がセラピーにおいて優れている部分を明確にし、アニメ療法の意義を改めて確認したい。結論から述べると、リアルに寄せたアバターや俳優の演じる実写映画などよりも、架空のキャラクターを含む作品の方が感情移入をしやすく、精神的な健康度を高める力があると筆者は考える。

アニメと一口にいっても様々な表現方法があるが、筆者が考えているのはアニメらしいアニメ、つまりリアリティを追求しない表現だ。これに関しては、ロボット工学者の森政弘が１９７０年に提唱した「不気味の谷」（uncanny valley）が参考になる。

不気味の谷とは、簡単に言えば人間「らしい」ものを鑑賞する際に違和感を覚える心理現象を指す。元々はロボットの外見に関する仮説として提唱されたが、２０００年代以降は芸術や倫理学などのフィールドにも広まった。

アンドロイドやアバター、アニメキャラクターなどの外見を、写実性を高めて人間の見た

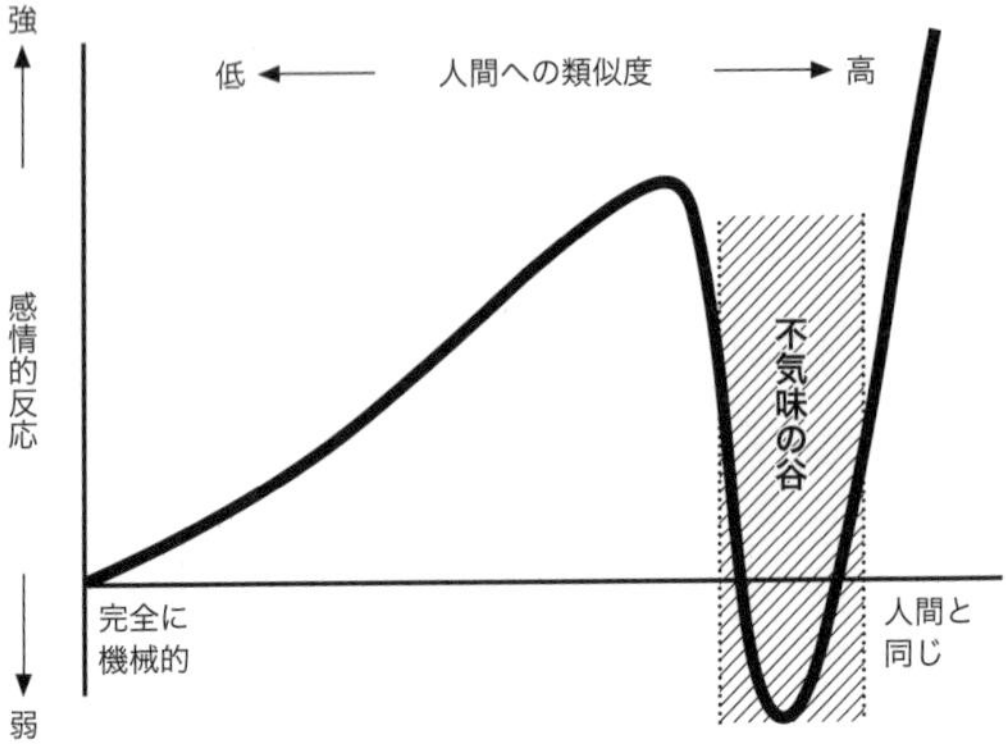

図7　不気味の谷

目に近づけると、かえって私たちは不気味さや嫌悪感を抱く傾向がある。人間に極端に類似しているが、結局のところ人間ではない。それに気づくと魔法が溶けて怖く見えるのだ。この現象が「谷」と呼ばれている理由は、ある程度まで人間に近づくことは好感度を上げるものの、それが極端になると谷のように好感度が急に下がるからだ（図7）。

　不気味の谷の背景には現実との不一致や齟齬《そご》の感覚など様々あるとされるが、いずれにせよ近年増えている写実性の高いアニメーションは筆者の考えるアニメ療法には適さない。作品に限らずオンラインセラピーで用いられるチャットなどにもリアルの人間に寄せたアバターが登場することがあるが、これも望ましくないだろう。ある研究者によれば不気味の谷によって好感度が下がるだけでなく、セラピーで関わる相手への信頼性も下がるリスクがあるそうだ。

続いて生身の俳優が演じる実写映画と比較した際の、架空のキャラクターを使う利点を考えたい。

生身の人間、生身の世界では不可能なこと

まず、実写とアニメの大きな違いとして「描ける場面の多さ」がある。当然、この世界には物理学的なルールがあり、人間の身体にも物理的限界がある。一方で、アニメはそうしたルールに縛られず、私たちが想像するどんな描写も実現可能だ。時間も空間も、キャラクターの表現も自在に操ることができる（ここでの「映画」に、莫大な予算をかけたりCGを豊富に含んだりする作品は念頭に置いていない）。

また、「感情表現のスペック」も異なる。実写の場合、俳優の能力はもちろん、撮影場所などの状況にも表現が制約される。アニメの場合（これは小説やゲームも同様だが）、舞台設定にしろキャラクターの行動にしろ、表現に対する可能性はより開かれている。これは、筆者が特に主張したい「感情移入の成り立ちやすさ」にもつながる。

例えば俳優は、俳優である前に一人の人間だ。どうしても俳優の人生経験や人格、感情が

演技に組み込まれる。心理学的に言えば、俳優の演技は深層演技よりも表層演技に該当すると筆者は考える。

また、俳優は見た目も性格も当たり前ながら各自の特徴があり、フィクションの作品中で登場したとしても、より生身の我々に近い存在だ。しかしアニメキャラクターは白いキャンバスの上に描かれた、純粋な描写である。背後にはデザイナーや声優がいるとはいえ、キャラクター「自身」に認知や情緒の偏りが生まれることはない。

現実との「距離」

一つ重要な指摘をすると、物語療法において現実的な話が必ずしも良いわけではない。私たちは荒唐《こうとう》無稽《むけい》なファンタジーよりも現実に即して描かれた作品の方に共感できると思いがちだが、それは誤っている。なぜなら鑑賞者が無意識的に悩みを抱えている時、写実性の高い形で再現された作品には、己の人生や生活との類似性があるからこそ、心理的な抵抗が生じてしまう。

これは心理学において「内在化」と呼ばれており、こうなると自身の行動や思考に対して嫌悪感を抱く傾向がある。例えばアルコール依存症と葛藤している人間が、写実的な作品内

図８　類似性の乏しさは安全な心理的距離を与える

でアルコール依存症のキャラクターを見た時、反感と嫌悪を覚える可能性がある。

要するに、「作品中のキャラクターと鑑賞者に類似性が乏しい」ことが、かえってアニメのメリットなのだ。キャラクターの状況は鑑賞者のそれと多少は乖離している方が、かえって心の壁が下がり、感情移入がスムーズに行われる場合がある。私たちはキャラクターの事情や場面にではなく、あくまでも「感情」に親近感を覚えたいのだ（**図８**）。

実写映画にもアニメにも、アルコール依存症のキャラクターは存在するだろう。その時、実写映画の場合はおそらく我々の日常に近い生活場面が描かれる。実写映画は基本的に生身の人間、現実に即した状況を描くからである。一方、アニメーションはアルコール依存症のキャラクターの周辺に、人間ではないキャラを登場させたり、この世に存在しない出来事を起こしたりできる。それによって、アルコール依存症との葛藤は描きながら、鑑賞者の生活とは切り離した捉え方をしやすくなる。心理的なハードルが下がることで、肝心なメッセージを届きやすくする効果があるかもしれないのだ。

以上を踏まえ、制作や表現に関する種々の制約も考慮すると、最初から人間を模倣しないキャラクターを作り出すという表現方法が最も理にかなったセラピーになると考えられる。

想像力で埋める欠落

総じてアニメは何でもできるように述べてきたが、もちろん足りない点もある。色は現実に存在するものではないし、キャラクターには時間的な連続性もない（基本的に年を取らないし、致命的な攻撃を受けても死なない）。こうした概念的な「欠落」が私たちに認知的な矛盾を生み出す。

だが私たちの脳は同時に、辻褄が合うようにそれを埋めようとする。感知したものの論理性を保つよう、脳が勝手に都合を合わせることが神経科学者のチョウ・ハンの研究チームらによって明らかになっている。

例えばある物体を見る時、私たちの脳はまず輪郭を感知し、次に表面の色や明るさの情報を把握する。この時表面の情報が欠けていたら、私たちの脳は情報の齟齬を避けるために取

図9　クレイク・オブライエン・コーンスウィート錯視

り繕い、存在しない情報を生み出す。すなわち「錯覚」「錯視」である。「クレイク・オブライエン・コーンスウィート錯視」（真ん中の線で左右に分かれたグレーの画像は、左側が右側よりも暗く見える）などが良い例だ（図9）。こうした現象は薄暗い森や靄の中で物体を認識するための、原始人の生存に欠かせない能力でもあった。

要するに、私たちの脳は「ある程度」の全体像さえ理解できれば、後は欠けた情報を勝手に埋めようとする能力がある。これは現実性が欠落したアニメーションの描写にも適応できるのではないだろうか。描写に欠落があるからこそ、鑑賞者は自分に都合の良い解釈をするよう適応する可能性が高い。受け手個人のセンスや内面が積極的に働き、自分のアイデンティティに合わせて世界に入り込むのだ（次ページ図10）。

図10　想像性で埋める欠落

第6章　アニメがもたらす様々な効用

第2部ではアニメ療法の定義をした上で、論拠になる科学的なエビデンスを説明していきたい。ただ筆者が作品として想定する日本のスタイルのアニメ、漫画、ゲームの心理的な効果を調べた研究はあまり存在しない。そのため、広義での物語作品を扱った研究結果を基に「フィクションの心理的効果」として論を展開している。

また、取り上げる研究には大きく分けて「非構造化」「構造化」の二種類がある。

前者は名前の通り構造化されていないアプローチであり、例えば「ある材料（フィクション作品）は他の材料（ノンフィクション作品など）と比較してこういった効果があった」と検証するような研究だ。

後者はより具体的な、例えば新規の療法として臨床現場などで導入を目指すほどに設計されたものだ。当然、構造化アプローチは難易度がより高くなる。なぜなら、実際の医療において用いるということは、患者などに不利益を生む可能性もゼロではないからだ。このため、慎重な導入が望ましい。

第2部　アニメ療法の基盤となる科学的根拠

フィクションを用いる構造化されたアプローチの例としては、物語療法や映画療法などがあげられる。第1部でも取り上げたこの二つは現在最も実証的に裏付けられているアプローチであり、後の章でも改めて詳しく話したい。

共感能力が注目される理由

これまで、物語作品のもたらす心理的な影響として最も立証されてきたものはなんだろうか。それは第4章でも説明した「共感」である。

私たちは共感によって他者の感情を共有し、その理解の上に社会的な行動を起こす。共感には先天的なところもあるが、必ずしも皆が備えているわけではない。例えば自己愛性パーソナリティ障害、社会性パーソナリティ障害、あるいはサイコパスと呼ばれる人は共感性を欠いていることで知られる。実際、病態の診断基準の中にも「共感の欠如」が含まれている。

心理学、社会学、精神神経学の分野においても、共感の正体を探る研究は数多く存在する。カリフォルニア大学バークレー校の研究機関グレーターグッドサイエンスセンターによると「共感は道徳の構成要素」だそうである。確かに共感性は他者の視点やニーズを理解するのに役立つ。

また注意してほしいのだが、「共感」（empathy）は「同情」（sympathy：シンパシー）とは違う概念である。「共感」は他人の立場や状況を自分のことのように理解した上で行動できる能動的な能力、一方で「同情」は他者の感情に同調して感情的に反応することであり、能力ではなくただの反応と言える。

共感という能力には進化論的なニュアンスも含まれる。人間は精神発達過程において、2～3歳の頃から社交的な場面での共感性を表し始める。生後12カ月の乳児は苦痛の犠牲者を慰《なぐさ》めること、14～18カ月の子供は自発的で報われない援助行動を示すことも確認されている。さらに、共感は年齢と関係なくウェルビーイングや幸福と良好な関係があることも示されている。

共感の概念は、向社会的行動の大部分を説明および予測するものとして、近年ますます注目を集めている。社会心理学者のチャールズ・ダニエル・バトソンによれば、正義や公平性を求め他人の利益を優先に考える、いわゆる「思いやり」のある人は共感性が高いそうだ。またメンタルヘルスの分野においても、医者と患者の関係は介入主義（paternalism）から患者の感情を重んじる解釈モデルへとシフトしている。

さらにアメリカ、イギリスの医学部のプログラムでは、学生に指導医だけではなく患者とも会話をさせ、その内容が合格の重要な基準とされている（Thornburgh 2006）。これらのことからも、共感がいかに重要視されているかわかるだろう。

共感を生む物語

続いて、なぜ物語作品は共感を育むのか解説したい。ここで改めて筆者の仮説を示すと、物語作品（架空のストーリーを持つアニメ、映画、漫画、小説、ゲームなど）はキャラクターに対する感情移入を通じて、鑑賞者の共感性を高める。それによって様々な精神的効果を期待できる。

この説において三つの柱となるのが「物語作品のストーリー」「キャラクターに対する感情移入」「共感とその他の心理的な効果」だ。

まず「物語作品のストーリー」について詳しく述べると、研究対象になっているのは「感情的メロドラマ」（emotional melodrama）と定義される作品である。これは人生に深く悩む描写やキャラクターの感情表出、心揺さぶるストーリーなどが特徴で、主人公たちは挑戦をしたり、犠牲と勇気を振り絞ったりして、悩みと人生の問題を克服する。その戦いと苦しみを伝えることで、鑑賞者に感情的な反応を呼び起こす。

多数の作品がこの例として当てはまるが、代表的なものにハリウッド映画の『タイタニック』『ビューティフル・マインド』『きみに読む物語』などがあげられる。興行収入ランキングを見てもこうした作品の人気は明らかだ。

では、感情を揺さぶるようなエンタメは他の方法よりも人を動かす力が強いのだろうか。ここでメディア心理学の知見をいくつか紹介したい。

エイズに対する意識を高める広告を分析した研究では、恐怖心を感じさせるように作られた広告31件のうち、30件が視聴者の感情に変化をもたらした（freimuth, hammond, Edgar, & Mohanan 1990）。

またシャオリー・ナンによると公共広告の効果はメッセージに対する視聴者の好感度と相関している。私たちを説得するにはデータや数字以上に、ストーリーや情緒に強い力があると言える。これはＣＭの研究結果だが、ストーリーを通じてメッセージを伝達する物語作品にも適応できるだろう。

感情移入のプロセス

感情移入のプロセスとして、第４章でも紹介したメラニー・グリーンとティモシー・ブロックが提唱する「感情移入想像モデル」（transportation imaginary model）がある。再び説明すると、感情移入は、物語の出来事に対して「注意やイメージ、感情が統合的に融合する特異な心的プロセス」と定義される。鑑賞者は物語の世界に「没入」することにより、態度や信念の変化を成し遂げる。さらには喜びや楽しみを味わい、向社会的行動も高まる。

グリーンとブロックは移入体験を、単なる認知的処理とは区別している。以前に獲得した知識や自分の考えを参照しながら、内容を分析して納得を得る。これが認知的な処理である。

一方、移入体験において鑑賞者はストーリーの感情的な体験に吸い込まれ、反応する。移入体験は論理的なものではなく、鑑賞者の負の認知的な処理、すなわち批判的な思考が少なくなる。自身の信念と知識に反するストーリーであっても、そこに没入できれば矛盾を疑う頻度が減っていく。私たちは物語によってこれほどまでに、感情的に説得されるのだ。これこそ、ストーリーとキャラクターの産物である。

興味深いことに、物語に現実味があるか否かは移入体験とは関係ないとされている。鑑賞者がその物語に没入して信じる限り、作品がどの程度フィクションかは問われないのだ。逆に、移入体験が浅ければ鑑賞者はストーリーを批判したり、矛盾を見つけたりする。

心理学者のリチャード・ゲーリッグは鑑賞者を旅人に例える。「旅人はストーリーを鑑賞する時、現実の世界から離れ、アクセスできなくなる。ストーリーの世界に没入し、変わった自分となり、現実の世界に帰る」。鑑賞者はストーリーの世界を受け入れるために、現実の世界とのつながりを失わなければならないとも言える。アニメや映画、ゲームに夢中になった時、誰かが部屋の中に入っても気づかず、普段気になる音も聞こえなくなったことは読者にもあるだろう。物語がまるで現実の世界であるように切り替わって、ストーリーとキャラクターに対して強い感情を抱く。

鑑賞者の間には「Anomalous Replotting」という現象も見られる。「異常な再編集」とでも訳せばよいだろうか。物語の納得できない結末について何度も考えて、頭の中で自分なりに作り直す行為である。

ところで負の感情に触れない、ポジティブなストーリーだけが鑑賞者を感化するのだろうか。筆者の考えは違う。偉大な物語には障害やジレンマがあり、それを乗り越えるからこそ感情の変化に効果的である。つまり、アニメ療法における良質なストーリーに負の感情は欠かせないと思っている。

信念の変化

感情移入の体験が引き起こす「信念の変化」とはどのようなものか。グリーンとブロックの実験では暴力、友情、誠実といったテーマを含んだ物語が用いられ、作品への移入体験の深かった鑑賞者が、その後の質問に対して作品とより一致する考えを回答した。

物語作品による感情変化としては、第4章でも説明した向社会的行動が挙げられる。これが高まることは、社会のルールに準じたり、非行や暴力などの反社会的行動を止めたりすることにつながると思われる。当然ながら向社会的行動は道徳と深く関係を持ち、学校や職場など社会の集団生活には不可欠だと見なされている。

メディアの鑑賞と向社会的行動の関係性には様々な研究が存在するが、特に子供を対象にしたものが多い。ある大規模調査によると、ディズニー・チャンネルやニコロデオン（スポンジ・ボブなどを放送するTVチャンネル）のような若い視聴者向けのチャンネルを鑑賞した子供は、一般視聴者向けチャンネルの鑑賞者よりも利他的な行為がかなり多かった。この調査では、子供向け番組の73％に少なくとも一つの利他的な行動が含まれており、平均すると視聴者は1時間に約三つの利他的な行動を鑑賞していた。さらに、ストーリーの中で向社会的な行動を取った者には何かしらのご褒美が与えられていた。

ちなみに意外かもしれないが、暴力描写を含んだビデオゲーム（論文では『コール オブ デューティー』というアクションゲームが題材になっている）もオンライン上の他プレイヤーへの利他的な行動、あるいは実生活のボランティア活動といった向社会的行動を増加させるそうだ（Ferguson & Garza 2011）。

帰属意識とエンドルフィン

続いて、向社会的行動と深く関係があると思われる社会への所属感（sense of social belonging）に関して話したい。

私たちは「どこかに所属する」ことを精神的に必要とする。グループのメンバーとして受け入れられることを求める、原始的な欲求がある。学校の仲間から、職場の同僚から、スポーツのチームメイトから認められたい。そのため常にグループの基準、規範に準拠しようと努め、無意識的に自らの行動、信念、態度などを変えている。ある研究では、社会への所属感の高さは幸福および全体的な精神健康度の高さと正の相関が見いだされた。それだけでなく不安、うつ、絶望、孤独、社会不安、自殺念慮などの低さとも関係していることが判明している（Moeller 2020）。

さらには、感情を喚起する映画は人間の社会的結合を支えるものと同じ神経生物学的なメカニズムを引き起こすそうだ（Dumbar R.I 2016）。端的に言えば、映画鑑賞により脳内神経物質のエンドルフィンが分泌され、快感を抱く。エンドルフィンは鎮痛剤としても作用し、痛みへの耐性を高める。例えばコメディを鑑賞して笑うことで、ランナーズハイ（運動によるエンドルフィン分泌によって一時的に多幸感が生まれる現象）と似た状態になる可能性があるのだ。

もちろんコメディではなく、悲劇や暗い物語にハマる人間もいる。作品中で描かれる身体的な痛みは、鑑賞者の脳の関連するエリアに精神的な痛みをもたらすという仮説がある。また、社会的拒絶のシーン、感情的な写真や音楽は身体の傷と同様に、気分の変化や痛みをもたらす可能性が指摘されている。

神経学者のバリー・ケヴァーヌによれば、エンドルフィンは脳の疼痛管理システムだけではなく、霊長類の社会的な結合においても大きな役割を持つ。これにはC触覚線維という神経細胞が媒介していると考えられている。猿を対象にした研究で、ゆっくり動く刺激にのみ反応するC触覚線維はエンドルフィンの分泌を促し、猿が互いの毛づくろい（social grooming）をすることにも影響していると証明された。他の研究によると笑い、歌、踊りといった多くの社会的活動も、エンドルフィンのシステムを活性化し、社会的な絆を高めるとされている。感情喚起を促すフィクションはエンドルフィン反応を引き起こし、グループへの帰属意識を高めることにもつながるのだ。

観察学習と相性の良い視覚文化

第3章でバンデューラの観察学習を紹介した通り、アニメ療法では鑑賞者がキャラクターの行動を模倣することを狙う。

観察学習は視覚文化（visual culture）と強い関連がある。人間の像は旧石器時代から存在するが、視覚文化という用語は1950〜1960年代以降に登場した。絵画、写真、映画、アニメ、ゲーム、ファッション、芸能人など様々な例を挙げることができ、「映画産業に限らず、我々の周り全ては視覚文化。ゲーム機、パソコン、テレビ、様々なデバイスの画面に宿る」と述べる研究者もいる（Mirzoeff 2009）。例えば、芸能人のメディア露出は私たちに大きな影響を与える。私たちは憧れを抱き、その外見や態度などを模倣する傾向がある。昨今ではSNSに共有される画像も強力な力を持つと言える。

視覚的に誇張された表現に触れると、普段の状況では模倣されない行動がモデリング行動

（模倣される行動）になる可能性があるという（Berger 1977）。わかりやすい例を挙げると、子供向けの番組ではヒーローや王女などの理想的な人間像がしばしば用いられる。こうした人間像の誇張、理想化に対して我々は魅力を感じ、ハマる。そして私たちあるいは社会が進化、発展するヒントを得る。物語作品の鑑賞は観察学習を通じて代理的な体験となり、私たちの未来の行動を形作るのだ。

ただし、こうしたプロセスは一直線で行われるわけではない。例えば、過激な暴力描写のあるゲームは若年層の攻撃性を高める可能性があるともされる（研究結果とは矛盾しているが）。だが、そのゲームをプレイした若者全員が実生活で暴力行為に走るわけでないのは明白だ。仮にゲームの影響があったとしても、その後に様々な因子が関わるだろう。鑑賞者の自己反省や自己調節能力を経て、作品の影響は調整されるのである。

さて、観察学習は具体的にどうやって私たちを感化するのだろうか。ここでは「代理的強化」（vicarious reinforcement）と「代理的罰」（vicarious punishment）の手法を説明したい。前者の例としては、芸能人が化粧品の広告に出演して美を見せつけ、私たちはその商品を持てば自らもその芸能人のように近づけるという「幻影」を見ることである。後者はその逆で、タバコが肺がんを引き起こすような写真を見せられ、恐怖が増幅されるといったことだ。

他には、「罰の欠如」(absence of punishment) もよく見られる。ゲームの世界で暴力をしても罰を受けなければ、私たちはそれを観察し、現実世界に持ち込んでしまう可能性がある。

観察学習の考え方を発展させると、作品の登場人物たちの感情は私たちにとっての「代理的感情」になり得ると思う。キャラクターの成功、失敗は私たちの代理的な成功、失敗にもなる。こうした視覚文化を通じて我々は嬉しくなり、悲しくなり、感動し、怒る。その代理感情を通じて我々は変身していくのだ。

第7章　映画療法が示唆する効果

映画と精神分析

本章では第４章で少し取り上げた「映画療法」の具体的な研究結果をいくつか紹介し、筆者の考えるアニメ療法にどのような要素を応用できるか検討していく。

映画療法はカウンセリングと精神療法のいずれにも導入可能な治療である。一般的にカウンセリングは特定の問題や悩みにフォーカスする一方、精神療法はクライアントの性格や気質の傾向を対象とする。

概要をおさらいしよう。アメリカでは１９２０年代に映画を治療的に使用したという報告があるが、カウンセリングや心理療法の手法として本格的に映画を使用するのは比較的最近の試みと言える。前にも述べた通り、映画療法（cinema therapy）という言葉が初めて使われたのは１９９０年のことだ。

映画が人間の心理にある程度影響を与えること自体はすでに明らかであるが、哲学、心理学、社会学の見地からの論考が多いため、概念や理論に関する議論は発展しているものの、臨床的な研究が少ない点は問題である。

初期の映画療法は集団療法にフォーカスした自己啓発を対象にしており、グループで映画を鑑賞し、その後セラピストと一緒に内容を議論する形が一般的だった（Marsha Sinetar 1993）。

また患者、クライアントだけではなく、セラピストや、カウンセリングの授業を受ける学生の教育にも映画療法が活用されていた。映画の持つ「ロールプレイング」の要素が、観察力の強化に効果的だと考えられたのである。言語・非言語の双方を用いて実生活を映した映画から知覚と観察のスキルを磨き、コミュニケーションの形態を学び、個人と家族の複雑さを理解し、人間関係の概念を身につけることができた。患者の個人情報などセンシティブな情報に触れる必要がないことから、気軽に導入できる点も利点である。

いくつかの映画作品やテレビ番組は、セラピストとクライアントの間の力学をうまく描写しているとして、授業でも取り扱われている。例えばアメリカのマフィアものである『ザ・ソプラノズ』は作中で心理療法士を現実的に描写している点が、アメリカ心理分析学会からも高く評価された。映画は豊かな感情描写や濃い人間関係を描く必要があることから、そもそも心理学や精神医学といったジャンルとの親和性が高いと思われる。

興味深いことに、精神分析と映画が誕生したのは同じ１８９５年である（フロイトがヒステリーの研究書を出版し、リュミエール兄弟が映写機を発明した）。20世紀初頭の精神分析学者たちは映像へ強い好奇心を抱き、映画業界を「夢の工場」と呼んだ。１９７０年代には逆に映画理論家が、精神分析家のラカンが提唱した「鏡像段階」（幼児が自我を形成する段階）を映画鑑賞になぞらえている。

『ベスト・キッド』の教え

ここからは、ヘルスカウンセリングを研究するジリアン・リンチの整理に基づいて、映画療法に関するエビデンスを網羅的に述べたい。

１９８７年、精神療法を研究するミミ・クリスティーとメアリー・マクグレースは次のようなケーススタディを発表した。

養子縁組された11歳の少年は本当の親が自殺したという喪失体験に由来する、感情的および行動的な問題を抱えていた。そこで少年の行動を修正するために、ファンタジー映画『ネバーエンディング・ストーリー』の登場人物の体験を利用した心理教育が提供された。映画の登場人物がとった行動に基づいたこの治療は彼と養子家族に効果を発揮し、６カ月後のフォローアップの電話で、セラピストは少年が治療による改善を維持していることを確信できたという。

作品の選出理由は、研究者が実際にこの映画を鑑賞した際、この少年に活用できそうな比喩があると認識したからである。比喩は物語にしばしば登場するが、フィクションを用いた療法を理解するための鍵と言っても過言ではない。このことは後にも出てくるので覚えておいてほしい。

１９９０年に初めて映画療法（cinema therapy）という表現を導入したリンダ・バーグ＝クロスらは「セラピストに選択された映画を患者一人で、または特定の誰かと鑑賞するセラピーの一種」とこれを定義し、四段階の構造化されたアプローチとして考えた。最初の二つは準備的段階、後の二つは実行的段階とされる。

① セラピストは患者に娯楽ではなく治療のために映画を使用することを理解させる。この段階は認知的なプライミング（前もった意識づけで無自覚に思い出しやすくさせること）と定義する。

② セラピストは、患者が鑑賞中に得る新しい考えや経験を拒絶しないよう、患者の好奇

心と解放性を促す。

③セラピストは患者といつ、どこで、誰と映画を鑑賞するかを決める。

④鑑賞後、セラピストは患者と鑑賞した映画に関して話し合う。刺激になったことや、自分の生活に活用できるヒントはどこにあったのか、一緒にディスカッションする。

その後も映画の臨床的な使い道への関心はますます高まり、より精密なメソッドに基づいた映画療法の解説書『The Cinematic Mirror for Psychology and life Coaching』が２００９年に出版された。この本はセラピー、教育、人生、個人コーチングなど様々な目的、様々な寄稿者による臨床場面での映画の活用が13章にわたって記載されており、映画療法の実証的検証基準を満たしている点が画期的とされた。

例えば「対人関係」の章では、婚約に対する恐怖、あるいは恋愛依存症などの課題に対して活用できそうな映画のシーンが詳述されている。また、自分自身の対人関係をテーマにしたオリジナルストーリーのあらすじを書き出すといった、患者向けの宿題の出し方のガイドラインも掲載されている。

ちなみに、映画療法は患者個人だけにではなく、家族全体へのグループセラピーとして行われることもある。家族関係の力学に映画という「外部」の要素を入れることで、各自が持つ自己防衛の心理を下げ、感情的にならない安全な距離から課題に向き合うことができる上に、鑑賞者が自身を否定されている感覚に陥りにくい。

先ほどのクリスティーとマクグレースによる、別のケーススタディを紹介したい。

学校でアルコールを飲んだ11歳の少年とその家族に、映画『ベスト・キッド』を一緒に鑑賞してもらった。3カ月後のフォローアップの電話で判明したことは、家族はその後、この映画を4回も一緒に鑑賞したこと、みんなが映画の登場人物であるミスター・ミヤギの格言を気にいって積極的に引用するようになったことだ。ミスター・ミヤギの人生観は強い影響を与えて日常生活にまで組み込まれ、少年と家族に前向きな変化をもたらしたのである。

他にも例えば、喪失と悲しみ、家族の変化などをテーマにしたディズニー映画『ライオン・キング』が、似たような境遇にいる子供たちへの映画療法として使用された。あるいは、車を窃盗した14歳の少年に対して『ウォルター少年と、夏の休日』という映画を見せたところ、少年は自分の憧れるロールモデルについて考え、話し合うことができるようになったケースもある。

シンボルとしての『ロード・オブ・ザ・リング』

コメディ映画が患者の血糖値を下げるなどしたことは第3章で紹介した通りだが、他にも興味深い研究がある。

精神病院の別々の病棟から集めた29人の慢性残遺型統合失調症患者を対象に、片方のグループは3カ月間、映画療法として計60本のコメディ映画を視聴した（毎週5日間、毎日異なる映画）。同じ手順がもう片方のグループにも適用されたが、そちらの上映作品のうちコメディは15％だけだった。すると前者のグループの参加者は不安やうつ病などの陰性症状が少なくなって気分の前向きな変化が生じ、二つのグループ間には統計上有意な差があると認められた（Gelkopf et al 2006）。

精神科に少年が入院する際、本人と家族を対象に、精神科医との話し合いを含む映画療法を行った事例もある。医師は映画鑑賞を「入院する少年とその家族の緊張を解きほぐすためのツール」と説明した上で、映画の選択に関して三つの条件をつけた。第一はポジティブな側面を含め、できるだけ少年と家族の境遇に近いストーリーであること。第二は映画のテーマが家族の信念、信条と矛盾しないこと。第三は映画に希望的なメッセージがあり、ハッピーエンドであること。この条件に当てはまる映画を用いると、青年期患者の約半数のケースで患者と家族の関係性に改善をもたらしたそうだ（Garrison 2007）。また、映画療法は性的問題行動を抱える思春期の若年層にも応用される。

精神科では対応困難な症例に映画療法を用いた成功事例もある（Fleming and Bohnel 2009）。自傷行為による大量出血で瀕死《ひんし》状態に陥った68歳の男性が、一命を取り留め医療保護入院となってからも精神科のスタッフと話すことを拒否し続けた。そこで「何かおすすめの映画はありますか？」とスタッフが声をかけてみると、彼はスタンリー・キューブリックの『２００１年宇宙の旅』をすすめてきた。その後、医療スタッフが彼と映画の感想を1時間ほど話し合ったことで彼のイライラは収まり、カウンセリングを受けることに同意してくれた。

同じく自傷行為で足に怪我をして医療保護入院となった22歳の男性の例もある。彼もまたカウンセリングを拒否していたが、同様に映画に関する質問をしたらアルフレッド・ヒッチコックの『裏窓』をすすめてきた。そして映画について対話する中で、彼は映画の主人公に深い同一感を持っていたことを打ち明け、自傷行為に至った経緯を主人公の感情に沿って説明してくれたそうだ。

一人息子を持つ59歳女性のケースも興味深い（Powell 2008）。彼女はうつ病と診断されており、映画療法として『ロード・オブ・ザ・リング』が選ばれた。この映画を見たことのある人も多いだろうが、難しい人生の旅、希望と回復といったテーマを持つ。苦行を乗り越えた先に希望があることを比喩する作品であり、セラピストは主人公のフロドをそのシンボルとして説明した。5週間にわたって毎回映画の一部分を鑑賞し、鑑賞後にはセラピストと患者が話し合いを行った。すると5週間後、患者の希望と楽観主義に対する意識が有意に高くなったことが判明した。

このように様々なエビデンスが存在するが、映画療法の背後にある重要な理論的根拠の一つは、感情の処理を通じて認知の再構築に導けることであり、これが鑑賞者の行動を変えるために役立つ可能性があると指摘される（Yang and Lee 2005）。

映画療法は視覚素材を使うものの、ナラティブ、ストーリーがその中心となる。その点では同じく第4章で取り上げた読書療法も似た手段と言えるだろう。そのため読書療法も、アニメ療法に応用可能だと考えられる。読書療法の原則は以下の通りとされる（Newton 1995）。

①　同一化：架空の人物の体験に焦点を当てることにより、読者は自分の生活環境の類似点と比べ、架空の人物と同一化する。

②カタルシス：感情の解放を呼び起こすような方法で登場人物とつながる。
③洞察：読者は自分の問題や悩みを自認するようになる。
④普遍化：悩みを一般化することにより、自分の悩みが珍しくないことを知り、それに対処する方法を身につけることができるようになる。

このプロセスでは鑑賞者を実生活での失敗のリスクに晒《さら》すことなく、様々な代理体験をさせることが可能だ。登場人物が新しい信念、新しい価値を身につける瞬間を目撃して共感や洞察を得る。すなわち、人間の普遍的なテーマと負の感情を安全な距離から経験できるのだ。

臨床現場での活用方法

臨床現場ではどのように映画療法を活用するのか。映画を見るだけでは単なる娯楽体験に終わってしまいかねず、鑑賞後に様々な活動を課すことで治療としての有効性が高まると考えられる。色々なやり方が試されてきたが、これまで紹介したケースでも見られるように、比較的定番の方法は映画鑑賞後の「宿題」である。これは認知行動療法と似ていて、患者が映画を心理的に処理することを促す意味で行われる。

鑑賞したコンテンツが心理的に処理されるまでのプロセスは、大きく4段階に分かれるとされる（Tyson 2000）。

①　乖離：鑑賞者は物語の世界に没入し、心理的に実際の世界から離れる。
②　同一性：鑑賞者は架空の登場人物と重なる。
③　内在化：鑑賞者は見た内容に対して親近感とつながりを覚えるようになる。
④　転移：鑑賞者は内容を自分の中でかみ砕いて、実生活の感情と思考に転移される。

映画療法にも当然ながら注意点はある。薬剤治療などと比べたら極めてマイルドだが、例えば鑑賞者に感情的なトラウマを引き起こす可能性が指摘されている。また、うつ病の患者の悲しみを悪化させるような作品は避けるべきなどの意見がある。ただ、副作用などが極めて少ない療法であることは、研究者たちの間で概ね賛同されていると言ってよいだろう。

映画療法にせよ読書療法にせよ、こうした治療の核心は「ストーリー」、そして「キャラクター」の中にある。もちろん映画、本、アニメといった媒体ごとの特徴に適したストーリー、キャラクター、感情移入の流れは存在するはずだ。しかしどれも等しく「物語」である以上、ここまで紹介してきた理論や実例はアニメ療法に十分適用可能だと考える。極端に言えば、どれも広い意味では「物語療法」の一種であるとまとめられるだろう。

そこで次章では、より広く「物語」をベースにした物語療法の位置づけや効果を検討したい。

第８章　物語療法が示唆する効果

ナラティブの臨床的な意味

物語療法（ナラティブセラピー）の具体例に触れる前に、「ナラティブ」の臨床的な意味を整理したいと思う。

本書冒頭でも触れたが、現在の精神医学の主流は生物学的な観点である。ただ、生物学的な観点のみで人間の心を扱うには限界があるため、精神の健康を取り扱うには、人間にまつわる様々な側面を認識しなければならない。従って、最近の精神医学では「Bio-psycho-social model」という「バイオ」（生物）と「サイコ」（心理）と「ソーシャル」（社会）が互いに関わる折衷主義的なモデルが適切だと考えられている。

また、第４章でも述べたように医療の世界にはＥＢＭ（Evidence Based Medicine）という「エビデンス」（実証・証拠）に基づいた医療」と、ＮＢＭ（Narrative Based Medicine）という「ナラティブ」（物語）に基づいた医療」がある。かつてはＥＢＭが支配的な価値観だったが、心のケアにおいて「one size fits all」、すなわち一つの規格で全てに対応することは難しい。

先ほどの折衷主義的モデルと同様に、ＥＢＭとＮＢＭの概念は決して相互排他的ではなく、共存すべきものだと考えられる。

さて、「ナラティブ」という言葉だが、これは関係性を持つ出来事に関する口頭の伝達、もしくは記述を指す。そして、この伝達においてしばしば物語という方法がとられてきた。本書ではこれまで主に「フィクションの」「作品」という意味合いで物語について話してきたが、私たちの人生もまた関係性を持つ出来事の集まり、つまり物語と言える。私たちの人生（＝物語）のナラティブと作品（＝物語）のナラティブが類似する。このことが、筆者のアニメ療法の基盤となる。

物語を外在化する

ソーシャルワーカーのマイケル・ホワイトと家族療法士のデイヴィッド・エプストンによって開発された物語療法は、物語の力を利用し、患者が治療者との対話によって自分の物語を書き直す。問題を解決するのではなく、会話を通じて新しい物語＝意味を発生させることが目標である。

私たちは人生における様々な経験に意味を与える。経験自体だけではなく、その経験に私たちが与えた解釈、意味こそ私たちのイメージを形作っている。私たちは人生で一つだけではなく複数の物語に出くわすが、それでも大元となるメインストーリーが存在し、私たちを支配する。人生の物語が形成するイメージは、私たちの能力や自尊心、対人関係を左右する。

例えば、自分のせいではなく環境が原因で生じた不幸な出来事があったとしよう。その時、私たちは自分に問題があって不幸が生じたと解釈する、つまりは物語をつくり己を責めてしまうことがある。こうした思い込みは、私たちを支配する「歪《ゆが》んだ」物語である。

物語療法において、セラピストはまず、患者を支配する歪んだ物語を特定するために話し合う。なぜならほとんどの場合、私たち自身はそうした物語を自覚していないからだ。このため、患者の人生経験とそこにひもづいている意味を一つずつほぐし、分析するのだ。そしてセラピストと一緒に歪みを特定できた時、私たちはその物語を客観的に把握した観測者となれる。

次のステップは、その物語における問題や悩みと距離をおく「外在化」への戦いだ。外在化を簡単に言えば、私たちが歪んだ物語へ抱く同一性を引き剥《は》がす作業である。望まない体験をした時に自分の物語へと「内在化」してしまった悩みを、もう一度自分の外に移すわけだ（76ページ図5）。

真面目に勉強していたのに、テストの結果が悪かった。「悪い成績だった」という嫌な体験の一つが、解釈次第では「自分の頭が悪いから」、そして「自分には価値がない」という最悪の物語に雪崩《なだ》れ込んでしまう。フラットに見れば「あるテストにおいて」結果が悪かったという一つのエピソードにすぎないが、それを内在化することで「自分は頭が悪い、だから今後もきっと同じことが繰り返される」という歪んだ物語になる。この先入観に人生を導かれると、その通りに自尊心が低くなり、失敗を繰り返すリスクが高くなる。

そこで物語療法を通じて、テストで悪い成績を取る自分「以外」の自分が存在するという物語を認識する。そして「テストで常に失敗する自分」という物語を外在化して、「テストにかつて失敗したことがあった自分」へと物語をシフトする。失敗続きという自分の物語を上書きするのだ。

オルタナティブの存在

外在化の次は、私たちを支配する物語を「解体」するプロセスだ。

歪んだ物語が私たちの精神に蔓延《まんえん》すると、論理的な根拠もないのに過度に一般化して、自分の人生の全てにその物語を当てはめようとしてしまう。そうして物語は膨張し続け、本当の問題がどこにあるのかわからなくなる。

そのため、人生の大部分を占めるまでに肥大化したストーリーを分析する。大きすぎる悩みには混乱しやすいし、圧倒されてどうすればいいかわからなくなる。だから小さく切り分けることで気持ちを和らげ、アプローチしやすくするのだ。

例えば婚約破棄された経験を持つ女性が、それゆえに「自分は見た目が良くない」「良い人ではない」「だからどうせ結婚できないだろう」といった人生の物語を信じるようになった。そのため新しい出会いを拒み、社交的な場面に参加できないでいる。どうせいつか裏切られるのだから、相手を信用できないという。今は相手を疑わなくても、信用し続ければやがて裏切られると思っているのだ。

彼女の物語には複雑な信念が含まれているが、二つの要がある。一つは「婚約破棄になった」事実で、もう一つは「今後もどうせ裏切りや不幸が待っている」という推測だ。だが、よく見たらこの二つには因果関係がなく、思考もかなり飛躍している。

さらに物語をよく見ると、より細かな悩みがあるとわかる。例えば自分の見た目に自信がないこと、誘いを拒んでいること、婚約破綻への裏切りを感じていることなどだ。

最初に述べた大きな二つの要点にアプローチしようとしても、その大きさゆえに曖昧な心

図11　代替となる物語

情だから扱うことが難しい。だから、一つ一つのディテールに焦点を当てて整理し、どこに引っ掛かりがあるのかを識別する方が効果的である。

もう一つ例をあげる。医者になりたいAさんは何回か入学試験に失敗し、自分は医者になれないと絶望感を抱いている。絶望の原因として、もちろんかけがえのない夢を譲れないこともあるが、医者になる以外の人生の存在を想像できないこともある。その夢が本人の根本的な存在意義になっている場合もあるが、逆にそこへ縋《すが》りついて生きることで不幸が生まれる可能性もある。

医者になるという物語しか存在しなければ、今のAさんは敗北者である。ただ、物語は無限に創世できる。視野狭窄《きょうさく》から抜け出して自分の存在意義を別の物語へと託すことができれば、Aさんは敗北者ではなく勝者として生きられるかもしれない（図11）。

例えばそれまでの勉強を生かして、生物学者として成功を収めることもできるだろう。だから物語療法が必要なのだ。物語療法の最大の目的は、本人が唯一だと信じ込む物語とは異なる、オルタナティブの存在を教えることである。

物語療法の基本思想

物語療法は歴史的にわりと新しいアプローチであるが、科学的なエビデンスは結構集まっている。愛着障害、不安症状、ＡＤＨＤ（注意欠陥・多動症）、抑うつ状態、摂食障害、ＰＴＳＤ（心的外傷後ストレス障害）、喪失の悲しみなどに効くことを証明する論文が存在する。また、こういった精神疾患ではなくても、様々な人生の悩みや負の感情と向き合う際に役立つ。大まかに言えば、ネガティブな体験、感情、思考などへは基本的に効果があると考えてもらってよい。

現在の精神医学と心理学は医療問題ではない現象を医療問題として取り扱う「医療化」の傾向にあるが、人間の精神の悩みを全て病気のように扱うと、人々が自身の精神状態を気にかける心理的距離が離れてしまうのではないだろうか。物語療法はそれを受ける人を、病気を抱えた、壊れた存在としてではなく、悩みを持つ一人の人間として扱う。

物語療法の基本思想は次の通りである。

① 物語療法に参加する人々は、敬意をもって扱われる。なぜなら彼らは個人的な課題を克服するために、勇気を持って助けを求めているからだ。

② 相手を責めることは禁物とされる。クライアントがセラピストと一緒に自分を支配する物語を理解しようとする際に、セラピストからは何も責められない。同様に、クライアントも他人を責めないように教えられる。向き合うべきはある物語が自身を支配しており、他の可能性を閉ざしているのに気づいていないことだ。

③ クライアントは自分の人生の専門家として、そしてセラピストは権威と権力を持ちアドバイスをするような医療従事者ではなく、クライアントの成長と癒《いや》しを支援する協力的なパートナーとして認識される。

三つ目が特に重要だ。当然ながらクライアントは誰よりも自分のことを知っており、自分のナラティブを変える力を持つ主体である。ナラティブセラピーの目的は人を変えることではなく、その人が自分の人生の専門家になることだ。自身の人生を語り、出来事の論理的な順序を組み立て、記憶や感情、思考を見直して処理する。その結果、過去の経験や現在の出来事を合理的に再考し、未来を再定義する。つまり、新しい物語を生み出すことができるようになる。

ここでいくつか、物語療法の効果に関するエビデンスを紹介したい。

まずうつ病の改善に関して、物語療法は認知行動療法と比較しても劣らない効果があると証明されている（Lopes, R. T et al 2014）。また、覚せい剤の一種であるアンフェタミン中毒の人々が抱えるうつ病や不安に対しても、物語療法によって改善が見られるとの指摘がある（Jalal Shakeri et al 2020）。

さらに物語療法は子供の共感能力、意思決定、社会的スキルの向上にも効果的だと示唆されている。神経生物学者のマリー＝ナタリー・ボードワンらの研究では、３５３人の子供から2年間にわたって８３１のストーリーが収集・特定され、物語療法の介入を受けた子供たちは、自己認識、自己管理、社会認識、共感、意思決定に関する改善が示されただけでなく、人間関係のスキルの向上も認められた。つまり、物語療法による物語の外在化と再考は特定の精神疾患を持たない子供にも好影響を与えていると考えられる。同様に、既婚女性の結婚への満足度が物語療法によって向上した例もある（Effat Ghavibazou,et al 2020）。

認知行動療法との相違点

物語療法における対話は一般的な日常会話とは異なり、何かの目標へ向かった、構造化された対話となるケースが多い。物語療法と類似するアプローチとして認知行動療法もあるが、両者の違いを説明しておきたい。物語療法と認知行動療法の違いを理解すれば、ストーリーの健康回復への比重も理解できるだろう。

人間はネガティブな思考のループに陥ると、そのサイクルを断ち切れなくなることが多い。物語療法と認知行動療法はともに、この思考の連鎖を断ち切り、行動パターンから抜け出し、自己をポジティブに捉える方法を見つけるのに役立つための、近しい理論となる。

認知行動療法の場合、セラピストは教育的な態度を取って、クライアントが否定的な思考パターンや行動などを認識できるようサポートする。宿題を出したり、考え方を指導したりするアシストが多い。一方で物語療法の場合、セラピストはクライアントにまず、自分の人生の物語を語らせる。そこから、今は語られていないポジティブな物語を見つけるよう支援する。つまり教育的なニュアンスは弱く、患者自身の感情を引き出す作業がメインとなる。

認知行動療法は「思考」「行動」「感情」が三角形のように三点で結ばれており、いずれか一つを変えることで他の二点も変わると考えているので、セラピストは一点を動かそうとする。物語療法では、セラピストは患者の人生の物語を一緒に探ることで、未発見の側面を発見しようとする。

さらに言えば、認知行動療法は「外在化」の作業を、スキルを身につけることで成し遂げようとする。一方、物語療法は先述の通り、本人が新しい人生の物語を創造することで成し遂げようとする。大づかみに前者は何かを変えようとするアプローチ、後者は発見しようとするアプローチと言ってもよいだろう。

セラピーのプロセスと問いかけ

物語療法には統一されたガイドラインこそ存在しないが、研究者に提唱されているやり方がいくつかある。セラピーの具体的なイメージを把握するために、そのうちの一つを解説したいと思う。

開発者のホワイトとエプストンによれば、ポジティブな経験よりもネガティブな経験を重視して「自分の人生は問題飽和状態だ」というイメージを持つと、支配的な物語が膨らむ。こうした問題飽和のイメージをなくすと、悩みを軽く見る心理的傾向が生まれる。

先ほども述べたように、セラピーの最初のステップは「外在化」となる。外在化を成し遂げる具体的な方法としては、問題や悩みに名前をつける作業がある。それにより悩みの本質を理解し、コントロール可能な印象が生まれる。また、名前があることでその悩みは自分自身の属性とは違う、独立した存在となる。例えばセラピストは「うつはあなたを止めている」「吃音《きつおん》はあなたをこんな風にしている」といった、個人が抱える悩みを外在化させるような言葉使い（externalizing conversations）を用いる。

次のステップでは、その悩みが人生に与えている影響をマッピングする。このステップを通じて患者は、自分の人生のより詳細で幅広いビジョンを持つことができる。クライアントが人生の物語を説明した後、セラピストは患者のビジョン形成を促すために質問をする。これらの質問は「relative influence question」と呼ばれ、悩みが人生に及ぼしている影響を特定するためのものである。これにより患者は悩みの影響力、そしてそれとは意外と無関係な部分があることに気づける。クライアントには自己を支配している物語とは関係ない物語があり、それを見つけ出すのがセラピストの責任である。具体的に使われる問いかけをいくつか挙げてみる。

・あなたの生活の中で、この悩みが最初に現れたのはいつですか？
・この悩みはあなたの生活にどのような影響を与えていますか？　友人、親、配偶者、子供との関係にはどのように影響していますか？
・あなたの職業選択にはどのような影響を与えましたか？
・もしこの問題が今のまま続くとしたら、１週間後、１カ月後、１年後、５年後のあなたにとってどのような意味を持つと思いますか？

本人の悩みと矛盾する経験、エピソードは「unique outcomes」あるいは「sparkling moments」と呼ばれている。これらは特段新しい要素ではなく、本人がすでに持っている特性と強みを反映したもので、悩みがある中でも発揮できた能力と見なすことができる。これらを探求することで新しい物語が生まれるので、セラピストは質問を重ね深掘りする。

・悩みの悪影響に打ち勝つことができたことはありますか？
・仕事中はどのようにして悩みに支配されないようにしていますか？
・ある活動をされた時、悩みを克服したようですね。どのようにしてそれを達成し、その時どのように感じましたか？
・悩みに振り回されることにどのように抵抗できましたか？
・今後、どのように悩みに立ち向かい、戦うことができますか？

悩みのある中でも力を発揮できたことを自覚し、「たまたま」と思われていた自分の内なる力に気づき始める。そうなれば、これらの資産を新しい物語にどのように組み込むことができるかを自分なりに考えるようになれる。

また、本人と社会のつながりを示す「unique circulation questions」という質問も存在する。ホワイトとエプストンは、新しく生まれた物語に他者を含めることが、その物語を定着させ、継続的に発展させるためには不可欠だと述べている。同様に、新たに生まれたオルタナティブ・ナラティブ（代替の物語）を話したり、語ったりすることで、その人の人生やアイデンティティにより良い影響を与えるともされる（Payne 2000）。

具体的には以下のような質問が考えられる。

・今、あなたは人生における悩みの影響を克服していますが、他の誰がそのことを知るべきですか？

・もし彼らがこのニュースを知ったら、あなたに対する態度がどう変わると思いますか？

・あなたの人生における重要な人々のうち、悩みの影響から解放されたあなたが新しい人生を受け入れることを難しいと予想する人はいますか？

第9章　認知的説得と感情的説得

レトリックの進化

第8章での認知行動療法との比較からもわかるように、アニメ療法のバックボーンとなる物語療法は患者の自発的な気づきを大切にしている。ここで重要になるのが、人はどのように「説得」されるのかである。

説得（persuasion）とはある人の態度や行動が強制されることなく、他者のコミュニケーションや態度を通じて形成されるプロセスである。説得された人は思考、態度、行動などが変容する。説得という言葉に人を操るようなイメージを抱く人もいるかもしれないが、説得の影響を受けた人の行動変容はあくまでも「自由な」選択によって起こる。従って、例えば言葉による脅《おど》しや身体的な強制、生理的な状態による変容は説得に当てはまらない。

歴史的に、説得につながる技術はレトリック（rhetoric）とされている。日本語では「修辞学」と訳され、弁論・演説・説得の技術に関する学問分野を示す。要するに、説得をこなせるコミュニケーションの達人を育成する科目だ。

修辞学は紀元前5世紀頃の古代ギリシャが栄えた古典期、修辞学者（レトリスト）たちが市民に人前で話す技術を教えるために開発され、後のローマ帝国下では富裕層の子供たちに人前で話す技術を教えるために用いられた。当時は公共の場での演説が教育の最高到達点と見なされており、裕福な家庭が身につけるべき必須の技術とされていた。その後修辞学は約2000年もの間、西ヨーロッパの教育の中心にあった。

昔のレトリックは演説者のパフォーマンスが中心だったが、最近は話を聞く相手に力点がシフトしつつある。また、説得と教育との類似性を強調する理論家もいる。教育とはコミュニケーションを繰り返すことで新しい情報を吸収するプロセスと言える。それならば、言葉による学習は説得の繰り返しと捉えることも可能だからだ。

説得の効果を高めるには言葉や音、色などを用いて様々な感覚を操り、相手がメッセージを注意し、理解し、その情報を保持できるようにする。単純な例として、より大きな文字のメッセージは先に目に入る。メッセージの説得力以上に、そもそも受け手がそれを感知できるかが重要である。

説得のメカニズムにはいくつかの理論があり、ある学者は客観的な知覚を強調するし、一方で主観的な動機づけが決め手だとする学者もいる。さらには「対立解消モデル」と呼ばれる理論もある。これは、説得力のあるコミュニケーションに直面した人が自身の願望、今までの態度、新しい情報、社会的圧力など複数の要素に引っ張られ、その中に妥協点を見いだそうとするものだ。

つまり説得の効力は様々な因子により調整されており、単にメッセージの内容や個人の心理だけでは決まらないのだ。いずれにせよ、私たちが説得により行動を変えるためには、何かしらの刺激に感化された上で、認知的にも情緒的にも納得する必要がある。

１９８０年にはアメリカの心理学者ジョン・カシオポとリチャード・ペティによりＥＬＭ(Elaboration-Likelihood Model：精緻化見込みモデル）が提唱された。

ＥＬＭは、人が説得力のあるコミュニケーションに反応する際の認知処理に着目したモデルである。このモデルによると、人々が説得的なコミュニケーションに対して、メッセージの内容やその裏付けとなる論拠を振り返って反応する場合、その後の態度の変化はより強固なものとなり、反対的な説得に対してもより抵抗力があると考えられる。一方、人々が説得的なコミュニケーションに反応したとしても、認知処理的な振り返りが比較的少ない場合、態度の変化は一時的なものになると考えられる。

説得の二つの経路

ＥＬＭはアニメ療法に大きく関わりがあるので、もう少し詳しく説明したい。聞き手の態度が変化する過程を分析すると、説得的なメッセージの処理には二つのルートがあるという。

一つは「中心ルート」である。このルートにおいて、説得は深い考慮と情報の認知的な処理から生じる。例えば車を購入する場合、費用や燃費や安全性、他のユーザーからの評判などを踏まえて真のメリットを考え、良い点と悪い点を天秤《てんびん》にかけた上で意思決定する。認知的な処理を得た過程だからこそ、説得による態度の変化は持続的であり、簡単には覆せないと思われている。

もう一つは「周辺的ルート」である。このルートにおいては、聞き手がメッセージの刺激の中から自分の願望を反映する手がかりを関連づけ、説得が成り立つ。つまりコストやベネフィットを論理的に熟慮した認知プロセスではなく、直感や感情が説得の主役となる。例えば、商品の客観的な長所よりも個人的魅力、あるいは社会規範によって得られる魅力などが説得の決まり手となる。先ほどの車の例で言うとデザインや速さ、知人の車との比較などを重んじるのが周辺的ルートである。

簡単に言うとＥＬＭは説得の過程において、論理や認知を働かせることの方が感情的な説得よりも多く、より強力だと提唱する。

ただ私たち自身の経験に照らし合わせても、論理や認知だけで説得のプロセスを説明することは不可能だろう。例えば好きな人と結婚する時、あるいは相手に物足りなさを覚える時、理屈で説明がつくのか。もしそのように理屈で全て説明されたら、かえって相手のことを疑いたくなるだろう。

本書で提唱するアニメ療法の仮説モデルは、ＥＬＭで言うならば周辺ルート、すなわち感情による説得を大きな柱としている。物語作品を鑑賞することで感情移入が生じ、説得されるというプロセスだ。そこでは、物語に反応した鑑賞者は能動的に思考と感情を生成する。感情の反応に合わせて認知的な変化も生じうるので、そもそも感情と認知の関係は二律背反にはならないと考える（第3章のカタルシスとアナグノリシスの話を思い出してほしい）。

感情移入と説得

ここからは感情移入と説得、行動変容の関係を話したい。

第6章でも紹介したように、健康を喚起する公共広告はメッセージの有効性を図る定量的な研究がある程度存在するが、ナラティブの有効性（感情による説得）と、それを決定づける因子はあまり研究が進んでいないのが実情だ。

感情移入が説得につながる理由は、次の三点から説明できるとされる（Green 2004）。

①感情移入によってストーリーの概念への反論・批判をしにくくなり、その結果、物語の命題を信じるようになる。つまり批判的思考が弱まる。

②感情移入によって物語の内容を実際の経験のように感じられるようになる。

③感情移入によってストーリーの登場人物との同一性が高まり、その結果、登場人物の視点が鑑賞者の信念に大きな影響を与えるようになる。

この研究分野における一つの大きな問いは、フィクションとノンフィクションでは鑑賞者の感情移入の度合いに差が生じるかである。これは難しいところで、大きな違いがないと示唆する研究もあれば、ナラティブ（フィクション）の方が感情移入を促進するとの見解も存在する。例えば健康喚起の広告においても、よく見るような「お客様の声」（＝ある程度のナラティブ）には架空のストーリーと似たような感情移入を誘発する力があると示唆されている（Braverman 2008）。つまり、感情移入はメッセージの内容よりも、その形態に依存する可能性があるわけだ。

さらに言えば、物語の人称によっても感情移入度が変わる可能性が示唆されている。主人公＝語り手である一人称の形態と、客観的な「神の視点」が存在する三人称の形態の二種類の物語を鑑賞させる実験では、前者の方が登場人物の思考を理解しやすかったと被験者たちが証言した（Pourgiv, Sadhighi, and Kaloorazi 2003）。鑑賞者は一人称の物語を「証言」として、三人称の物語を「一例」として認識したのかもしれない。

両者にはそれほど差がないとする研究も存在するので、結論を出すのは難しい。ただ、一人称の物語は三人称の物語よりもキャラクターとの同一性が高まり、読者の興味を引く可能性はあるだろう。

感情のシグナル

話を戻す。感情移入が成立した時私たちは説得をされるが、その感情とは具体的にどのようなものなのだろうか。説得に影響を与える可能性を持つ感情には七つの種類がある（Dillard and Peck 2000）。ここでは議論に必要なものだけ触れるが、簡単に言っても感情には少なくとも以下の機構が存在する。

・環境との関係を示す感情のシグナル（signal value）
・感情を経験した本人の環境における行動の変化を示す機能（function）
・感情の機能を反映する本人の態度の変化を示す態度傾向（action tendency）

まず、感情のシグナルとは新しい何か（シグナル）を認識した人間に心理的・生理的反応が生じることだ。

感情の機能とは、ある感情を経験した際の、行動状態に移行する前段階を指している。例えば恐怖は自己防衛のきっかけとなるし、罪悪感は自責を促す。

そして最後に態度傾向とは、感情の機能に対応する行動傾向を示す。恐怖は緊張を生み、それはある場合には身体を凍りつかせるし、ある場合には逃避行動として表れるだろう。感情を認識し、それに伴う動機づけが発生し、行動へと至る。感情移入により説得がうまくいけば、行動が変容されるわけである。

従来、社会心理学の研究では主に、説得力のあるメッセージに対する認知的反応の役割に焦点が当てられていた。しかし、最近では感情的反応の重要性が注目されている。

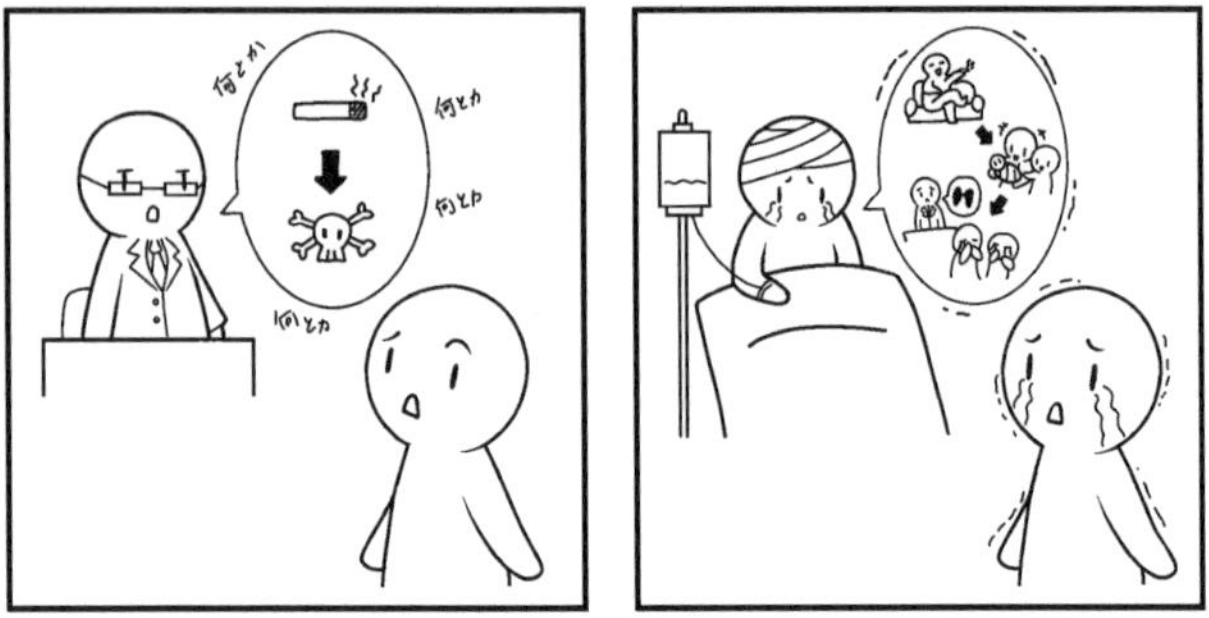

図12　認知的説得（左）と感情的説得（右）

　またしても健康喚起のメッセージの例になるが、タバコと肺がんの関係を、事実に即して冷静に説明するのが「ノンナラティブ」で認知的反応に訴えかけるものだとすれば、喫煙で肺がんになり、つらい生活を送って後悔している人の語りなどは「ナラティブ」で感情に訴えかけるものだろう（**図12**）。後者は「ナラティブヘルスコミュニケーション」とも呼ばれることがある。

　また、メッセージのテーマに対して関心が少ない人に対しては、ナラティブメッセージの方が効果的だとされる（Braverman 2008）。単純に言えば、興味を持たない人に対しては知識で説得するよりも感情にアピールした方がよいということだ。従って、ナラティブメッセージはケアの行き届きにくい人や高リスクを抱える人を説得するのにうってつけとも言える。

感情を動かす表現の強度

物語を用いた薬物乱用防止プログラムにおいて、鑑賞者の薬物乱用に対する意識が高まるかを調べた研究によると、物語を通じて驚き、恐れ、悲しみ、罪悪感、満足感（の低下）など様々な感情移入がなされた。ただし、薬物乱用の防止と関連性がある感情は悲しみ（の増加）と満足感（の低下）のみであった（Smita C. Banerjee & Kathryn Greene 2012）。

悲しみは引っ込みや隔離につながる典型的な感情とされている。積極的な行動を阻《はば》み、無気力を促す感情だ。悲しみが薬物を「使わない」という行動を引き起こしたと言えるだろう。一方、満足度の低下は感情移入の高さと相関性がある。強い満足感は受動的な態度、現状維持の思考を促す。当たり前だが、何かに満足している時に私たちは行動を変えようとしない。この研究結果を踏まえると、（度を越えない程度の）悲しみを喚起する一方、満足感の喚起が少ないようなナラティブの設計が望ましいと言える（次ページ図13）。

一つ留意したい点だが、感情移入は先ほど説得のモデルとして紹介したＥＬＭとは異なる概念である。ＥＬＭの過程では、説得力のあるメッセージに触れた時、それが自分の望む結果に関連しているという取捨選択を挟んだ後に、変化へのモチベーションが生じる。

一方で感情移入は物語の持つ「情報」とは関係がない。物語そのものに巻き込まれ、夢中

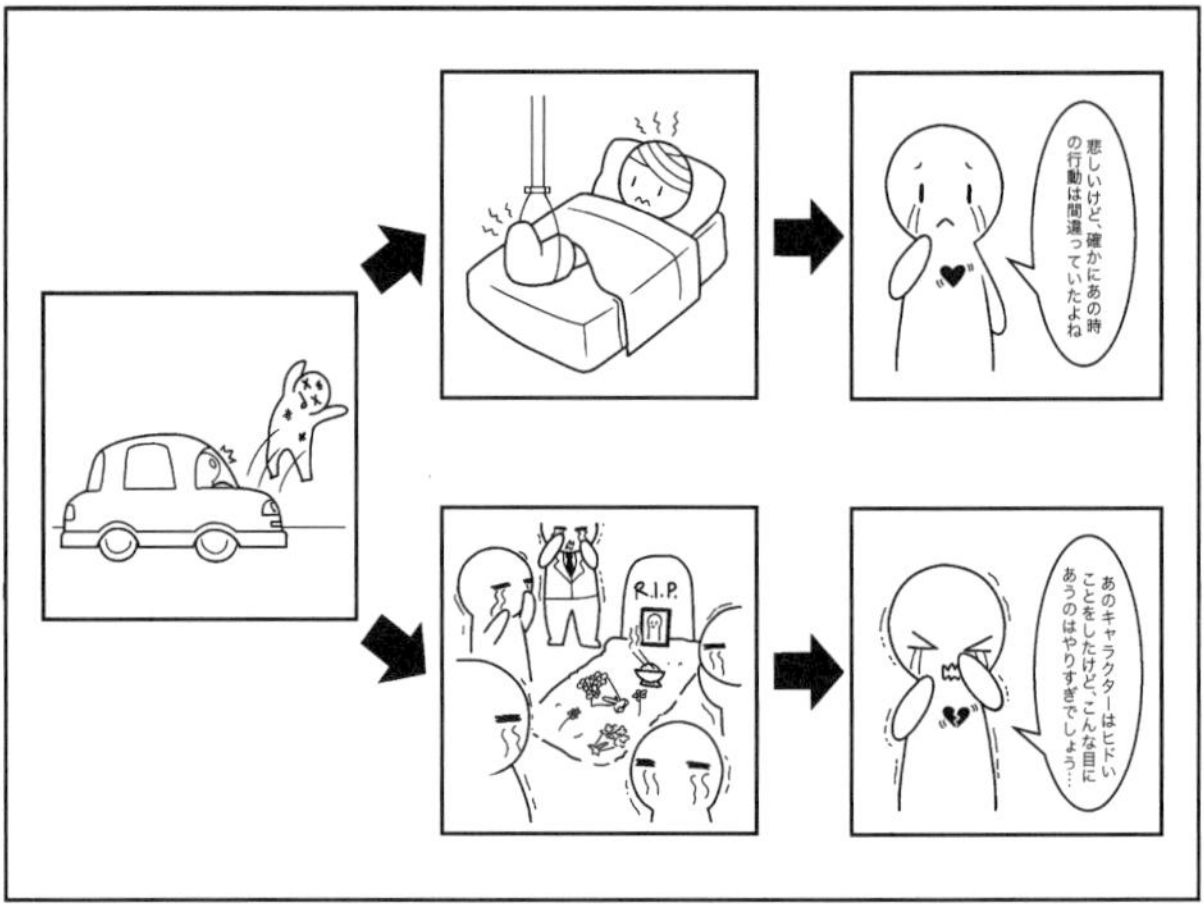

図13　感情的説得における感情表現の節度

になっている状態で起きるものなのだ。鑑賞者は意識的にメッセージの持つ情報や自己との関連性を見つけるのではなく、ストーリーやキャラクターへと夢中になることで、行動変容へのモチベーションを見いだす。この状態を「没入」（absorption）という用語で表現することもある（Graesser 1981）。すなわち、ナラティブによる説得を成功させるには情報、トピック、テーマ以上にストーリーへの没入が重要なのだ。

　興味深いことに、人は物語を読む時にそれと一致した自伝的記憶を呼び起こすという自己言及的な現象が研究で示されている。脳の画像を見ると物語の理解には前頭葉の脳領域が使用されているのだが、この領域はエピソード記憶や自伝的記憶にも関わっている（Mar, 2004; Mar, Oatley, & Eng 2003）。

他にも例えば、説得力のあるメッセージにより恐怖心を刺激されると鑑賞者の行動は感化されることがわかっている（Witte & Allen 2000）。恐怖はリスク感知の向上と関連しており、あるキャラクターの危険な行動を見て自分自身を連想した場合、リスクへの認識が高まる可能性がある。

一方、あまりに強く恐怖心を刺激された場合、リスクの存在を無視してしまう場合もある。これは恐怖喚起アピール理論と呼ばれるもので説明できる。メッセージによって喚起された恐怖は「保護動機」と「防衛動機」のいずれかの認知プロセスを引き起こす可能性がある。前者はリスク認知が高まるが、後者のプロセスでは恐怖を減らすために脅威の存在自体を否定してしまうのだ。悲しみと同様、恐怖という感情もまた適切に取り扱わないと、本来望んだ感情移入と逆方向へと働いてしまいかねない。

第10章　メディアの影響力

メディア利用の文脈

この章では、アニメ療法においてメディアを適切に活用する場面、条件、文脈を考えたい。

今日の私たちが生きる社会では、メディアとの接触は不可避的だ。娯楽や情報を提供し、コミュニケーションを促進するツールとして日常生活に浸透している。わざわざデータをあげるまでもないだろうが、例えばアメリカとカナダでは全世帯の95%以上にテレビが設置されている。また、思春期の子供たちは1日あたり約8時間、メディアに接しているとされる。インターネットとスマートフォンの発達もあって近年のメディアは進化し、いつでもどこでも人やコンテンツとつながれる。

メディアそれ自体は「手段」「媒体」という意味であり、倫理的にも中立的な立ち位置となるはずだ。だがソーシャルメディア上での誹謗中傷や、テレビによるルッキズムの増長、ゲームがもたらす暴力的傾向などの悪影響に注目が集まりがちだ。

個人的には、これらはメディア自体の問題というよりもその「手段」を乱用した結果だと考えている。メディアを非難するつもりもないが、礼賛するつもりもない。単に進化した道具を正しく使うことには意義があるというだけだ。

メディアは私たちの考えを変えるか

そもそも、メディアを通じて私たちの考えは変化するのだろうか。メディアコンテンツの影響力の分析には、一般的に三つの仮説が存在する。

一つ目はグループ内比較という。ある役割、行動、特性が社会グループのメンバー間でどれだけ一般的かを、同じ社会グループの違う役割と比較する分析だ。

例を挙げると、アメリカのニュースでは黒人は被害者よりも加害者として描かれることが多い。同様に、ヒスパニック系の人々も警察官より加害者として描かれることが多いと判明している。こうしたネガティブな描写に触れたら、黒人やヒスパニック系に対する社会のイメージはネガティブな方向へ傾くだろう。逆に言えば、医者や弁護士といった社会的地位の高い黒人キャラクターが増えたら、視聴者のイメージも良化して人種差別現象が減少する可能性もある。定量的な観測は難しいが、メディアにはこのようにステレオタイプのイメージを作り、変える力がある。

二つ目は内容分析的アプローチと呼ばれるもので、ある社会グループのメンバーが他のグループのメンバーと比べて、役割や行動などがどのように描かれているかを問う分析である。例えばLGBTQのキャラクターは他の人と比べて悲劇的な結末が多く描かれる傾向がある。もし、よりポジティブな描写が増えたら、現実社会のLGBTQの生きやすさにもつながるかもしれない。なぜなら肯定的な描写に感化されたグループは、他のグループに対する態度を改善すると仮定されるからだ。

再び人種の例になるが、地元のテレビニュースに登場する黒人容疑者は、白人に比べて粗末な服装だったり、名前が明記されなかったりすることが多い（Entman 1992）（Entman & Rojecki 2000）。こうした描写の偏りによって、有色人種は白人の犯罪容疑者よりも危険だという誤った認識を増すおそれがある。

三つ目のコンテンツ分析的アプローチは、メディアの描写と現実社会のギャップにフォーカスする。要は、メディアの描くステレオタイプは現実世界を反映していない時があるわけだ。

例えば筆者はイタリア人だが、多くの日本人はイタリア人に対して「陽気」「軟派」などのイメージを持っているだろう。言うまでもなく、全てのイタリア人が陽気なわけではない。

実際に陽気なイタリア人の知り合いを持つ日本人は何人いるだろうか？　ほとんどの場合、メディアの描写を浴びてイメージを作っているだろう。テレビを見ない人と比較して、テレビをよく見る人の自国に対するイメージはばらつきが少ないという示唆も存在する（Mutz 1992)。

三つの仮説を紹介したが、いずれにせよ私たちのほとんどは普段の生活で国や地域の集めた統計データを見たりしない。私たちにとっての「現実」とは正確で客観的な統計ではなく、身近な環境やメディアを通じたイメージに依存している。

しかし一方で、メッセージの前提条件が自分の既存の偏見と一致しない場合、選択的にそのメッセージの意味を拒否する「選択的知覚」という現象も存在する。メディアの影響で視聴者の思想が変わるのではなく、元々抱いている認知と一致したメッセージのみを受け入れるというわけだ。

前述の分析とは矛盾するようだが、結局、メディアが私たちの思想を変えるのか、それとも私たちがメディアに乗っかっているのか。あるいはその両方なのか？

マスメディアとの接触に認知を変化させる力があることは、科学的に一定の根拠がある。

例えばオーストラリアで行われた、先住民のアボリジニーは怠け者だという思い込みをなくすためのキャンペーンでは実際に偏見を和らげる効果が得られた（Donovan & Leivers 1993）。

他にも、プライミングと呼ばれるマスメディアの影響もある。有名な実験だが、二つのグループに分けられた参加者は、片方は黒人をステレオタイプ（貧しく、教育を受けておらず、暴力や犯罪を起こしやすい）で描くコメディを、もう片方はそうは描かないコメディを鑑賞した。続いて全ての参加者に、暴力行為で告発された学生のストーリーを読んだ。この学生はタイロン（Tyrone：黒人男性の一般名）と名づけられていた。すると、黒人のステレオタイプな描写を見ていたグループは、中立的な描写を見たグループに比べて学生を有罪と判断する傾向が強かった。これはマスメディアを通じたプライミング（priming）と呼ばれる現象で、メディアはある現象や人物への評価を決定する牽引力があることの証左とされる。

パラソーシャル・インタラクション

メディアにある程度の力があるとして、本書で考察している「認知」「感情」とはどのような関係があるのだろうか。

ここで、「パラソーシャル・インタラクション」という概念を導入したい。１９５６年に社会学者のドナルド・ホートンとリチャード・ウォールが提唱した言葉で、「パラ」ソーシャル、つまり疑似的、副次的な社会性という意味合いだ。具体的には、視聴者がテレビの中の人物やキャラクターに、対面と同じように反応することを指す。アニメ療法が提唱する鑑賞者のストーリーとキャラクターへの関わりもパラソーシャルな接触と言えるだろう。

このパラソーシャルな接触は心理的にどのような効果があるのか。多くの研究結果があるが、対面での交流で生じる不安を回避できるため、社会不安が強い人には特に有効だと考えられる。直接会って話をする時に伴う不安や緊張を感じることなく、自分とは異なる人々に接し、安全な距離から相手の苦境に共感し、その話を聞くことができる。これがメディアによる社会的接触の大きな利点だろう。第3章で紹介したバンデューラの観察学習を通じて鑑賞者は新しい社会的スキルを身につけ、今度は対面での交流においてそれを発揮できることもある。

鑑賞者は鑑賞した物語の中から特に気に入ったキャラクター、自分と似ていると感じたキャラクターと同一化し、その思考や行動を模倣すると予想される。しばしば「テレビを真似する」ことは子供への悪影響として語られがちだが、こうした副次的学習のポジティブな役割にもっと焦点が当てられてもよいのではないかと筆者は考えている。

パラソーシャルなメディアの世界でのコミュニケーションも、現実世界と同様に脳内で処理される。例えばテレビの登場人物も画面内にアップで映った方が小さく映るよりも視聴者は興奮し、コンテンツへの記憶や好感が高まる。現実世界でも、相手が物理的に私たちに近づいてきて私たちの視野をより多く満たした場合に、同様の反応が起こるのだ（Reeves and Nass 1996)。加えて、人間の動きが始まってから1秒以内に注意が高まる点も、画面上と対面の双方で同じく起きることである。これらの生理的反応だけでなく心理的反応に関しても、メディアと現実世界では変わらない可能性が高い。

最後に、ソーシャルメディアの影響にも触れておきたい。

ソーシャルメディア利用の増加、特に外見に関する行動への関与は、青少年が身体に不満を抱える潜在的リスク要因である。簡単に言えば、写真共有への不安（完璧な自分を見せなければならない）や編集のストレス（編集に費やす時間、あるいは編集がバレないようにする作業など）といった不満と疲弊感を伴うのだ。

また、男女で比較すると女性の方により大きなリスクがあるとされる。しかし、面白いことに「いいね!」やコメント、フォロワーなどのフィードバック指標を持たないアプリの場合、外見に関するプレッシャーがそれほど強くないことも示唆されている。若者たちは自らのボディイメージへの不満に対処するため、ネガティブなコンテンツを避けてポジティブなコンテンツを選ぶなど様々な行動戦略もとっている。

第11章　その他の物語療法

本章では、ここまで取り上げることのできなかった、アニメ療法と関連する試みをいくつか紹介したい。

スーパーヒーロー療法

そもそも、キャラクターの観察を通じて人の感情と行動を変えさせるという発想自体は新しいものではない。ここではアメリカの臨床心理士ジャニナ・スカーレットが開発したスーパーヒーロー療法（superhero therapy）と、大阪大学の家島明彦の研究に基づく、漫画を用いた自己形成を目的とするナラティブセラピーの二つを紹介したい。

まず「スーパーヒーロー療法」だが、これは『ハリー・ポッター』や『ロード・オブ・ザ・リング』などのポップカルチャーのキャラクターを、認知行動療法やＡＣＴ（Acceptance and Commitment Therapy）にミックスして作られたセラピーだ。トラウマなどからの精神回復を促進するために、スーパーヒーローの心理や行動を形成する要因を追って、役立つところをセラピストと患者が一緒にピックアップする。

この療法を開発したスカーレット博士は子供の頃、チェルノブイリ原発の近くの小さな村で育った。原発事故の情報は庶民へなかなか伝えられず、彼女の家族が状況に気づいたのは事故からおよそ1週間後のことだった。彼女は致命的な症状こそ発症しなかったが、放射線による免疫低下の後遺症を患《わずら》った。その後12歳になって家族とともにアメリカへ移住するとそうした経緯を周囲へ知られ、いじめられ続けた。まるで病原菌のように扱われたのだ。

そうして人生に絶望していた時、彼女はスーパーヒーローやミュータントの映画を見た。彼らはみな遺伝子の突然変異で超能力を獲得した「超人」かつ「変人」であり、周りから敬遠される存在でもあった。彼女は初めて自分に似た存在を知り、感情移入をして勇気をもらった。そして臨床心理士になった彼女は患者たちに同じような体験をさせたいと思って、このセラピーを思いついたのだ。マーベル作品などをはじめとしたアメリカのヒーローは大抵、何かしらの葛藤や苦悩、喪失体験を持っている。その苦しみこそが治癒の基盤となるというのが彼女の考えだ。

セラピストはヒーローの例を挙げながら架空の体験を比喩として扱い、患者の思考や感情などを正しく導こうとする。患者の人生をヒーローの人生にたとえ、悩みをヒーローが戦うモンスターにたとえる。彼女はこう言う。

「あなたはすでにヒーローである、何があってもヒーローである事実は消えない」

彼女の著書にいくつかの具体例が挙げられている。例えば自傷行為と摂食障害と戦っている女性ヒーローのモニカ・マーキュリー。少女を助けられなかったトラウマを抱える、時空を旅するドクターヒーロー。こうしたヒーローたちがどのように己の傷と向き合い、乗り越えていくのかを、マインドフルネスや付せんを使ったセルフヘルプなどのディテールも交えながら解説している。

漫画によるセラピー

次に、家島明彦がリードする漫画を用いたセラピーを紹介したい。スーパーヒーロー療法と比較すると臨床現場へは広がっていないが、興味深いプロジェクトである。

自分らしい生き方を模索することはとりわけ若者に共通する人生のテーマだが、情報と情緒の支援に漫画という普段から接しているポップカルチャーを使おうというわけだ。例えばマンガの影響で習い事やキャリアを選んだ人は少なくないし、マンガを通じて世の中の仕組みを知ったりスキルを獲得したりすることも珍しくない。当然、漫画はアイデンティティの形成も物語を通じて手助けする。

家島によれば、漫画を介する影響には二つのカテゴリーがある。一つは漫画のナラティブを新しい生き方のヒントにして、自分の日常生活に落とし込む方向性（インサイド - アウト）。もう一つは漫画のナラティブを使って自己がすでに持つ経験や概念を再構築する方向性（アウトサイド - イン）である。例えば大学生の進路指導における自己理解、自己認識の援助に応用可能だろう。

ちなみにインターネット上にも「大切なことは漫画から教わった」という1万人以上が所属するコミュニティがあり、漫画の持つポジティブな効果はおそらく多くの日本人が実感しているはずだ。他にも、漫画を要約して紹介しあうことで対話を促進する学生たちの文化交流プログラムも存在する（川那部２００６）。馴染みがない作品への新鮮さがあったり、ポップカルチャーだから社会問題への心理的ハードルが下がったりすることがメリットとされる。一方、漫画の世界から生きるヒントをもらったとしても、現実社会とは乖離があったり抽象的過ぎたりして困難があるとする意見も存在する（溝上２００４）。

いずれにせよ、漫画は日本の一大文化であるにもかかわらず、実証的な研究はまだまだ足りていない。もっと心理学や臨床現場へ応用できるのではないだろうか。

第3部　アニメ療法を構築する道のり

第12章　アニメ療法の必要性と立ち位置

アニメ療法とはどのようなセラピーで、何が新しいのか。第3部ではいよいよ、アニメ療法の内容と社会における位置づけなどを論じたい。

アニメ療法を考えついた背景には筆者自身のパーソナルな「物語」が関わっているので、少しだけ付き合ってほしい。

フランチェスコの物語

イタリア半島の西南、地中海に浮かぶシチリア島。メッシーナ海峡を船で渡ればイタリア本土だ。メッシーナはギリシャ・ローマ時代に交易で栄えた港町である。シチリアは夏は乾燥しており、冬はあまり寒くなく、気候に恵まれている。たくさんの畑があり、そこで実る果実は大きくて甘い。

その昔、シルバナという大胆な性格の女性が双子を産んだ。一人は太陽の日差しを浴びたようなルチアという女の子、もう一人はずっと泣きそうな目をしている男の子、フランチェスコ。

フランチェスコは子供の頃から、外の世界よりも内なる世界へと目を向けていた。自分の存在に対して「どうして」「なぜ」とばかり問いかけていた。フランチェスコが自然と好きになるものは、男性の「正当な」趣味ではなかった。でも、フランチェスコはどうして自分の人生が、物語が制限されなければならないのかいつも疑問を抱いていた。もっと多彩な可能性のある人生を想像したかった。周りのみんなの物語は集団の承認に飢えているだけの、均質でオリジナリティに乏しいものに見えた。

男の子は皆サッカーをプレイしなければならない、車をかっこいいと感じなければならない……。息苦しく、モノクロームで、つまらない世界。だが、子供は窮屈《きゆうくつ》な物語に違和感を抱いても、それを自覚したり正確に理解できたりはしない。

だからフランチェスコはたくさんのストーリーを想像した。物語を考えることは退屈な人生を慰める薬だった。ただ、想像力には限りがある。いつしか想像することにも疲れたフランチェスコがテレビで出会ったのが、日本のアニメ作品だった。次々と貪《むさぼ》るように日本のアニメやゲームに触れて、フランチェスコの想像力は再び膨らみ始めた。作品で描かれる人生は千差万別で、時にはリラックスするための、時には己を理解するための道具になった。

少し「ナラティブ」っぽく筆者の人生を語ってみた。まえがきで述べた通り、筆者はその後精神医学や社会学と接して、物語をメンタルヘルスに応用することの意義を考えるようになったわけだ。

医学は人間を対象とする科学であり、「文系的な理系」とも言える。そのため、人間のメンタルヘルスには薬剤療法などで脳に働きかける手段と、対話などを通じて精神に働きかける手段のどちらも必要だ。人間の心はその人自身の経験やトラウマに強く結びついているから、一人一人の物語を解きほぐさねばならないのである。

さらに言えば、筆者が考える精神の不調や心のアンバランスは、医学的な意味での精神疾患とは少しズレがある。これについては後ほど詳述する。

アニメ療法の五本の柱

アニメ療法はこれまでの章で確認してきたことをまとめた五つの前提、仮説から成り立つ。

① ナラティブ、物語は私たちの心のケアに何よりも必要である
② エンタメを目指して生まれた作品ではなく、予《あらかじ》め治癒的な機能を有する作品はより効果を持つ
③ 孤立化する社会において物語はただの気晴らしではなく、メンタルヘルスのためのアクセスしやすいツールになり得る
④ デジタル化する社会においては遠隔での心のサポートが必須となる。その際、架空の存在（ＡＩ）も効果的である
⑤ 条件を満たせば、生身の人間関係だけでなく架空上の関係もある程度心の支えになりうる

人間は常に、物語の中に己を投影してきた。現代に至りテクノロジーは飛躍的に発展したが、いつの時代も人間を動かす表現には優れた物語が存在する。作品の主役は物語であり、様々な物語が私たちを癒し、変えてきたことは経験的にも科学的にも証明されている。

映画療法、読書療法、スーパーヒーロー療法……。本書で紹介してきた研究や実践はいずれも、既存の物語作品を使用している。そうではなく、予め治癒的な狙いを定めた作品があ

れば、より大きな効果が得られるのではないだろうか。世の中にある素材を使って家を建てるのではなく、その家のために作った素材を使って家を建てるのだ。

「心のアンバランス」とは

アニメ療法の対象は「精神疾患」ではなく、「心のアンバランス」となる。③の補足として、筆者が使う「心のアンバランス」という言葉の意味合いを説明したい。

筆者は、「心の病気」や「精神疾患」などの現在よく使われている言葉は大それており、心の不具合を適切に表現できないと考える。心に起きる変化は千差万別のグラデーションであるが、そうした言葉は正常-異常という不健全な区別を生じさせるおそれがある。だから、よりフラットな表現である「心のアンバランス」を使う。誰しもみな、日々暮らす中で心に負担がかかることがある。それは「症状」という名前がつくか否かには関係がない。

日本をはじめ、(特に先進国の)社会においてメンタルヘルスは危機的な状況にある。とりわけ少年・青年(当然だがこの言葉には女性も含む)にそれは顕著だ。しかし、筆者が日本で精神科医として活動している経験からしてもメンタルヘルスに対するイメージは「異常」「アンタッチャブル」という固定観念に未だまみれており、悩みを口にしづらい。それゆえ、自分の中で黙殺している人が相当数いると想像する。

本書では精神医療がどのように進化、変化してきたかをたびたび話してきたが、メンタルケアとは本来、薬剤治療を要する深刻なものではない。日常生活に悩まされ、うまく感情が対応しきれない時、人間関係や社会性をうまく保てなさそうな時、気軽に相談するようなものである。

未来では、ポジティブな感情と健全な思考を生成する手段（筆者が考えるアニメ療法もその一つだ）が私たちの「日常生活」に含まれるだろう（次ページ図14）。

遠隔医療の将来

また、主に③④に関連する議論として、遠隔医療の未来像にも触れておきたい。

現代社会で心のケアをするためには、主に診断を受けるなどして「病人」になる必要がある。また、医療側のリソースにも限界がある。当然だがスタッフの数には限りがある上に、専門性も求められるし、資格がなければ対応が不可能なことも多い。患者（クライアント）側からしても医療機関の数や保険適応の有無、医療費、スケジュール調整など様々なコストがかかる。加えて、気持ちが萎縮《いしゅく》する点も見逃せない。

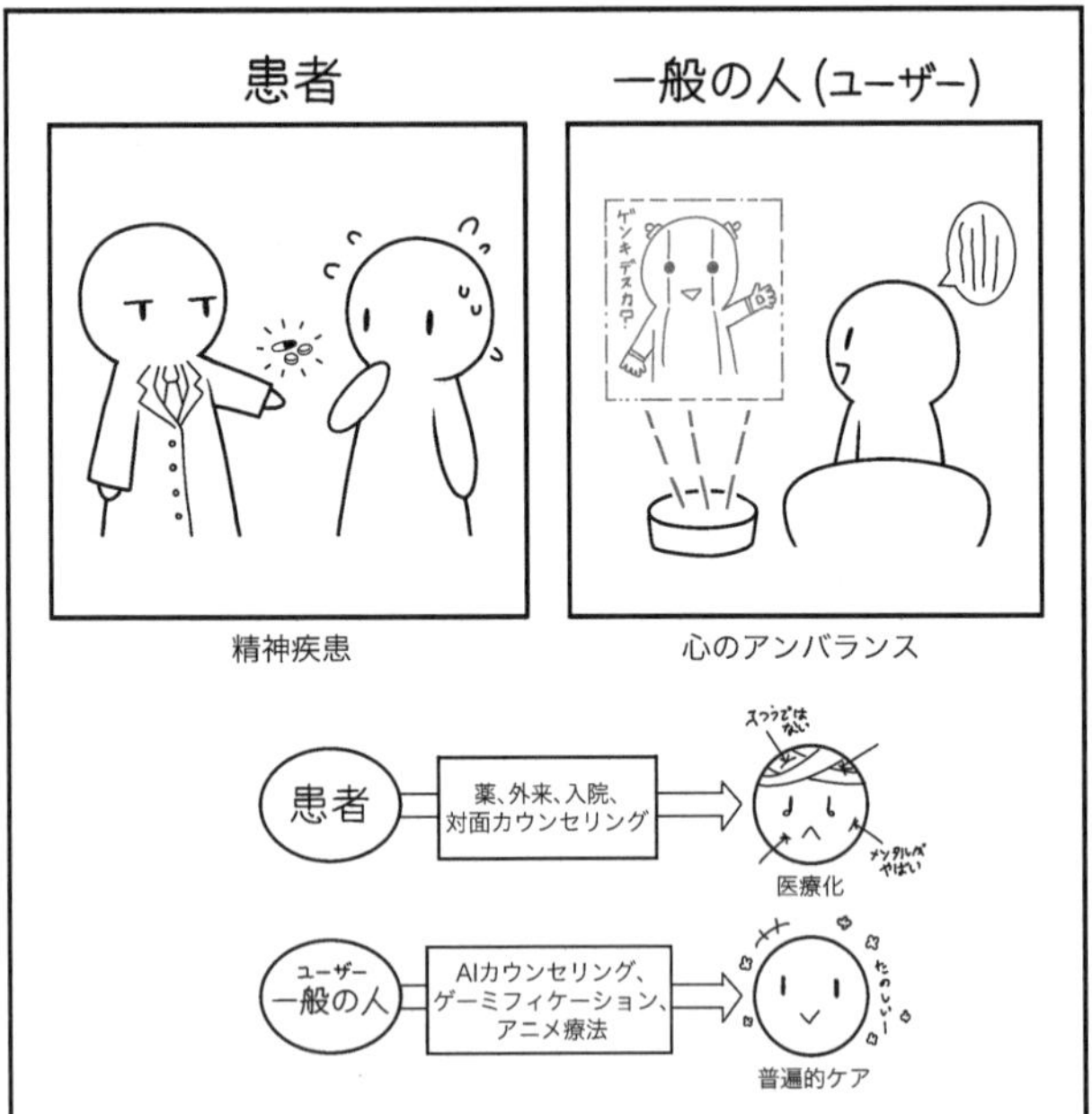

図14　精神疾患と心のアンバランスの違い

こうした背景があるからこそ、遠隔医療への需要はますます高まるだろう。そもそもデジタル社会が孤立をもたらす側面もあるだろうが、アクセスのしやすさという利点を生かさない手はない。心のケアがとりわけ若年層に必要であることを考えればなおさらだ。

実際、新型コロナウイルスのパンデミックによって遠隔医療は広がり始めた。例えば外国在住者が利用するケースも珍しくない。オンライン上で複雑な感情を言語化できるかといった課題もあるとはいえ、この動きは加速していくだろう。

アニメ療法も当然、こうした手段の一つになり得るし、作品鑑賞後のコミュニケーションを遠隔で行うことも可能だ。繰り返すが、アニメ療法は「心のアンバランス」を対象にする。となると、悩みを抱えた、あるいは自覚したタイミングですぐに摂取できることも重要だ。私たちの心は日々更新されていくものだから、セラピーをずっと待っているのは望ましくない。

デジタルの活用という点では、大胆ではあるがＡＩがコントロールするキャラクターとやりとりすることで、カウンセリングと同義の体験を再現することもできるだろう。そうなれば先に挙げたリソースの問題はかなり解決される。また、生身の人間と交流することに心理的負荷を感じる人にとっては気が楽な方法となるだろう。

もちろん、実装には様々な条件を満たす必要がある。

アップルのSiri、マイクロソフトのCortanaといったバーチャル・パーソナル・アシスタント（ＶＰＡ）により人間と会話するための技術は徐々に広がっており、ＩＴ企業ガートナー社のリサーチ・バイス・プレジデントを務めるアネット・ジマーマンは「２０２２年までに、パーソナルデバイスはあなたの家族よりもあなたの感情状態を知っているでしょう」と主張している。だが、こうしたＡＩは未だ進化の途上である。

現在のＶＰＡは自然言語処理や自然言語理解を用いて、言葉による命令や質問を処理する。しかし、ユーザーの感情状態を理解して対応するために必要な文脈情報が不足している。感情を感知する機能が追加されたら顔の表情、声のイントネーション、行動パターンなどのデータを分析でき、感情的なサポートの役割を担えるだろう。例えばビヨンドバーバル社の音声認識アプリなどの試作品や商用製品がすでに存在している。あるいはQihan Technology社のSanbotやソフトバンクロボティクス社のPepperに代表されるパーソナルアシスタントロボット（ＰＡＲ）も、感情ＡＩを開発するための有力な候補となっている。

新世代のセラピー

以上の五つのポイントから、アニメ療法は新世代の療法と位置づけることができると考える。なぜそう言えるのかを、ポイントともひもづけながら説明したい。

まず、カウンセラーの存在によらない点が挙げられる。アニメ的な表現や最新のテクノロジーを利用し、カウンセリングの要素をキャラクターの中に取り込むからだ。このキャラクターは従来的な意味でのアニメを超え、ゲームのような形態をとることでインタラクション（双方向のやりとり）も可能になる。いつでもどこでも手軽にアクセスできることは、今の時代には重要だ。

また、対象を病人に限定しない。アニメ療法を用いる人は私たち「ユーザー」であり、そこに健康‐病気という境界線は存在しない。悩みがどんなに小さな種であっても、心をケアする価値がある。さらに、治療を主目的として娯楽を用いること自体も目新しいだろう。

第13章　アニメ療法の一般理論

一次的、二次的アニメ療法

本書を通じて得た様々な知見からアニメ療法を定義すると、次の通りになるだろう。

アニメ療法は、フィクションの要素を持ちながら人間の葛藤、身体的、精神的、関係的、社会的苦悩をリアルに描く作品の鑑賞を通じて精神の治癒効果を狙う療法である。

なぜノンフィクションではなくフィクションなのかは、第5章などで述べた通りだ。ノンフィクションのリアリズムは私たちの人生、日常生活に近すぎるゆえに抵抗感が生じやすい。例えばいじめを受けている人が、同じようにいじめられている子が出てくるノンフィクション作品を見ると、自身のストーリーを逐一描写されているようにも感じて、つらさや苦しみに対する自己防衛が働いてしまう。そして「私は（この作品とは）違う」という考えに至ってしまうおそれがある。

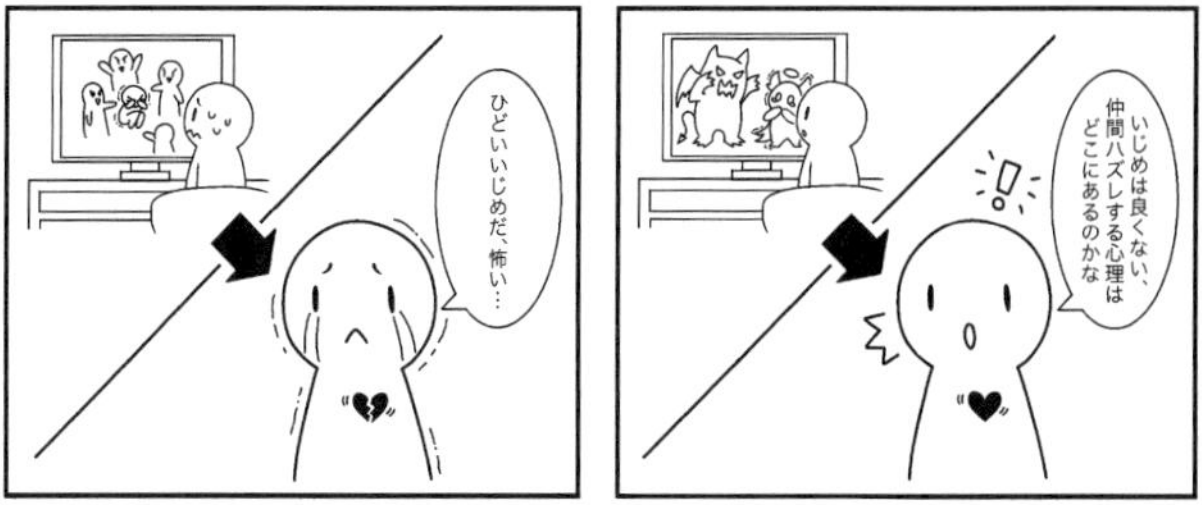

図15　ノンフィクション（左）とフィクション（右）

一方、フィクションの中にリアリズムを溶け込ませる分には、生々しさが和らぐ。非現実的で私たちの日常とかけ離れているからこそ、心の余裕を感じさせてくれる。そして私たちは感情移入するための心の扉を開くのだ。もちろん、全てがファンタジーすぎてもよくない。「リアリティ」を含ませないと、そもそも作品を自身と関連づけられなくなるからだ（**図15**）。

20世紀初頭、フロイトの時代において精神科の患者はふわふわのソファに仰向けとなり、目を閉じて自己の内面を語った。現代は、クリニックまで足を運ばずともパソコン画面を挟んでカウンセラーと相談できる。それがもう一歩前進すれば、キャラクターがカウンセラーのような役割を果たす日も来るだろう。これもアニメ療法で試みたいことである。

さて、アニメ療法は鑑賞する作品によってアクティブ（能動的）とパッシブ（受動的）に大別できる。受動的なアニメ療法とは鑑賞者がカウンセラーに積極的なフィードバックを返したりすることはせず、観察者となっていることを指す。作品を通じて交流が起きなければ、受動的な活動になる。一方、第11章で紹介したスーパーヒーロー療法のように、鑑賞後に何かの活動（ワークショップ、作品に基づく質問紙調査、セラピストや他者との感想会など）が加わると能動的なアニメ療法だと言える。作品鑑賞で完結するか、フィードバックによる「再処理」が行われるかの違いである。

　こうしたフィードバックを含めた鑑賞を、二次的なアニメ療法と呼びたい。なぜ「二次的」なのか。筆者が提唱するアニメ療法の方は、作品自体が端から娯楽を超える治癒目的で作られる「一次的」なアニメ療法と呼べるからだ。鑑賞者は作品をただ観察するのではなく、キャラクターとの交流やフィードバックが作品自体に内蔵される。それを実現させるために、心理学者または精神科医の監修を基にした作品制作と、ＡＩ的な要素を取り入れたフィードバックを検討している。

　もちろんこれまで紹介した研究の通り、既存の作品の中にも治療の効果を持つものがいくつか存在する。だが逆に言えば、心の専門家が間に入ればその力をもっと強くすることができるのではないだろうか。究極的には、Ｘという症状に対してＸ′という薬剤を用いた治療が効果的であるのと同様に、Ｙという心の悩みに対してＹ′という作品によるアニメ療法が有効

図16　ゲーミフィケーション（左）と機能性エンタメ（右）

である、という世界にしたいのである。

筆者の考えるアニメ療法は「機能性エンタメ」(functional entertainment）と呼ぶこともできるだろう。文字通り、娯楽以外の「機能」を有する作品という意味だ。その上で私たちが普段接する作品と同じ程度にエンタメの要素も重んじる。さしずめ、（美味しく食べられる）機能性食品といったところか。

また、機能性エンタメに能動性を内蔵させるには「ゲーミフィケーション」の要素が求められる。ゲーミフィケーションとは、ゲームではない物事にゲーム的な要素を入れることだ。それにより、鑑賞者は作品の観察にとどまらずストーリーやキャラクターと交流し、カウンセリングがなされる（図16）。

没入と批判の分岐点

おさらいすると、物語作品を鑑賞する時には内容の理解だけではなく、感情や思考が生起される。そして物語世界を現実世界かのように感じ取り、ストーリーにのめりこみ、キャラクターに共感する。その体験が、自分の生きる現実に新しいヒントを見いだす役に立つ。

作品を鑑賞する時、私たちの中には作品の心理的なイメージが構築される。メンタルインデックスモデル（Zwaan 1999）という考え方によれば、物語の内容は私たちの記憶に収納されるが、全てが混同したままではなく、少なくとも「時間」「空間」「出来事の因果関係」「主人公たち」「目標」の五つに振り分けられる。物語が進むにつれて、それぞれの引き出しも更新されていくのだ。そこに矛盾が出てくると（例えばキャラクターの一貫性など）、メンタルイメージの構築に支障が生じる。そして、この知覚プロセスは現実世界でも働いている。だからこそ、物語世界がいかに空想の産物であろうとも私たちを単に現実逃避させるだけではないのだ。

まえがきで紹介した、作品鑑賞が自己変容を導くプロセスのモデルを改めて示しておく（図1）。分岐点は物語にのめり込むことができるか（没入）、のめり込めずに内容をただ認知的に処理、評価するだけか（批判）である。

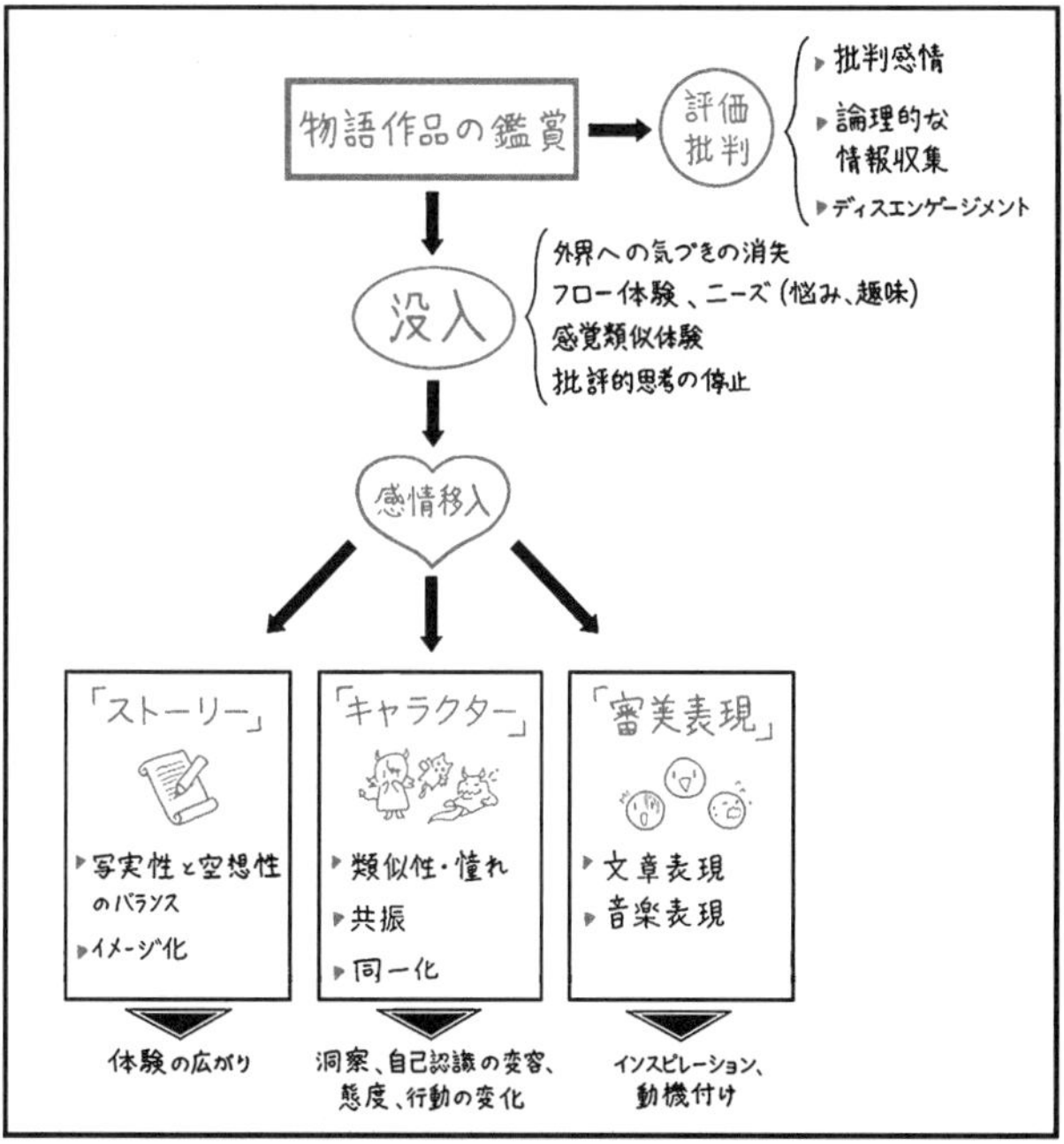

図１　物語作品の鑑賞と感情移入による効果のイメージ

前者の没入現象が起きれば感情移入につながり、自己変容へとたどりつける。一方で批判は物語世界からの離脱へと結びつく。そうなれば、感情移入を前提とした自己変容への期待は乏しくなる。当然、筆者が提唱するアニメ療法においてもポジティブな心理的な効果は、批判ではなく没入体験に入ってから始まる。

さて、首尾よく没入のルートへ進んだとしよう。すると鑑賞者は物語作品世界に入り込む。現実世界への知覚は薄まり、物語内の出来事をより生々しく、リアルに感じる。今いる時間や空間を忘れ、別の次元を漂うような感覚だ。主人公と一緒に身体が思わず動くこともあるだろうし、似た感覚を覚えることもあるだろう。鑑賞後も、すぐには頭を現実へ切り替えることができない。

こうした現象から、没入を催眠や暗示に隣接する概念として捉える研究者もいる。例えば催眠への感受性や被暗示性の強い鑑賞者の方が作品へ没入しやすいと示唆するデータもあるくらいだ。つまり、作品の質に鑑賞者の傾向（例えば空想癖など）や趣味・嗜好がかけ合わさって没入体験が形成される。

没入は一種の「フロー体験」（Flow experience）でもある。フローは没入の進化形、究極形と表現できるだろう。フロー体験とは精神的なリソースが全て一つの活動に注がれ、完全な集中を得られた状態を示す。まさしく「無我」だ。ここまでたどり着けば、感情移入の成功確率は大きく高まるだろう。

フロー体験の作り方——①音楽・文章表現

では、どうすれば鑑賞者をフロー体験にまで持っていくことができるか。物語作品の質に関して、「音楽・文章表現」「ストーリー」「キャラクター」という三つの観点から考えたい。

まずは音楽と文章だが、特に音楽から生じる審美的な感覚は感情を喚起すると思われる。そして、激しい感情は生理的な「覚醒」レベルの上昇に伴うものとされる。

音楽に触れた時の生理的反応は音楽のリズムやメロディーといった表現と、それに対する認識の二つが合わさって生じる。交感神経系が活性化（心拍数、血圧、呼吸数、筋肉の緊張の増加、皮膚温度の低下など）したり、副腎から覚醒ホルモン（ノルアドレナリンやコルチゾールなど）が分泌したりすることが主な反応だ。

心理学者のシャクターの認知理論によれば、認知情報や文脈は感情の「種類」を決め、身体的な覚醒は感情の「強さ」を決めるとされる。すなわち、音楽への感情反応を説明するには覚醒が重要な要素であると考えられる。

例えば楽しい音楽（実験ではホルストの『木星』が使われた）や恐ろしい音楽（こちらはペンデレツキの『広島の犠牲者に捧げる哀歌』が使われた）を聴くと、副腎皮質から分泌されるホルモンであるコルチゾールが放出されたり、皮膚コンダクタンス反応（皮膚を流れる電流の抵抗が皮膚の湿気で低くなることを指し、つまり発汗などを意味する）が現れたりする。また、刺激的な音楽は静的な音楽と比べて心拍数や呼吸、血圧の増加につながる（Iwanaga and Morok 1999)。

また、大学生への実験でも刺激的な音楽（ドヴォルザークの『新世界』）では皮膚コンダクタンス反応が有意に増加したが、中立的な音楽（ショパンの『レ・シルフィード』）や穏やかな音楽（バッハの『G線上のアリア』）では増加しなかった。さらに、自分の好みの音楽を鑑賞することは主観的な不安の減少とともに、生理的な覚醒度の増加も引き起こすという研究もある。

まとめると、音楽（審美的表現）に対する強い情動反応は本質的に現実世界（非審美的）の刺激によって誘発される情動と類似した性質を持つと言える。従って、作品中の音楽を操作することで鑑賞者に特定の感情を触発することができるだろう。

単に覚醒レベルを高めるだけでは感情の性質をコントロールしがたいので、アニメ療法においては特定の表現により特定の感情をもたらす効果を狙う方が望ましいと思う。

例えば穏やかな音楽はリラックスや悲しみを誘い、リズムの早い音楽は前向きさやエネルギー、モチベーションを抱かせることは誰しも理解しているだろう。実際、2020年の研究結果では音楽によって少なくとも13次元の感情が引き起こされることが判明している（Alan S. Cowen）。具体的には次の通りだ。

面白い（amusing）、うっとうしい（annoying）、不安・緊張（anxious・tense）、美しい（beautiful）、穏やか・リラックス・静寂（calm・relaxing・serene）、夢心地（dreamy）、元気・パンプアップ（energizing・pump up）、エロティック・欲望（erotic・desirous）、憤怒・反抗（indignant・defiant）、喜び・陽気（joyful・cheerful）、悲しい・落ち込み（sad・depressing）、怖い・恐ろしい（scary・fearful）、英雄的（triumphant）

これらの感情をさらに音楽的特徴と結びつけると、例えば攻撃的な音楽と脅迫的な音声には類似性があり、憤怒・反抗の感情にはグロウル（だみ声やデスボイス）のような音色を伴う傾向がある。また、怖い・恐ろしい音楽には不協和音が含まれる傾向があり、これは特定の和音や旋律の音程が感情と関連していることを示唆する。
また、音楽は基礎的な感情理論（連続性がない）とは対照的に、感情にグラデーションが起きる点も特徴的だ。例えば楽しさから愉悦へ、悲しみから落ちこみへ、恐れから平穏へ、緊張から意気揚々へといった変化がそこにはある。

音楽だけではなく、文章にも審美的な表現を用いることで不安を和らげたり動機づけをしたりできる。

文章表現においては特に「比喩」が極めて強力なツールだと思われる。比喩とはある物事を類似または関係する他の物事を借りて表現することなので、鑑賞者の悩みや課題にも婉《えん》曲《きょく》的に触れることができる。

ノンフィクションとの比較で何度も述べたように、心の悩みにストレートに直面すると心理的な壁が分厚くなり、否認や拒絶の感情が生じる可能性が高い。セリフや文体、ナレーションなど様々な文章において柔らかい、優しい比喩を用いることで鑑賞者は作品を受け入れやすくなるだろう。

フロー体験の作り方——②　ストーリー

音楽・文章表現の次はストーリーについて考えたい。鑑賞者が物語世界に吸い込まれると、そちらの世界の方がより鮮明かつ生々しく見えるようになる「イメージ化」が起きる。

筆者の考えでは、この時「自己物語の調節」とでもいうべき、興味深い現象も発生する。鑑賞者は作品中のストーリーで自分と類似する点を強調し、類似しない点や好みではない点を無視する。言い換えると、作品の物語を自分の物語として「なりすます」のだ。そして、自分の物語と齟齬のある部分は無意識的に無視するよう調整する（次ページ図17）。

この現象も含め、アニメ療法におけるストーリーの特徴を定めたい。まず、肝となるのは「写実性と空想性のバランス」だ。人間の生活の事柄に親近感を持たせる描写がない限り、鑑賞者は自分に重なる部分を見いだせない。同時に自己防衛の壁を下げるため空想やファンタジーの要素も欠かせない。

筆者の考えでは、アニメ療法のストーリーに最もふさわしいジャンルは、いわゆる教養小説（成長譚、ビルドゥングスロマン）である。

このジャンルはドイツ語の「Bildungsroman」（「Bildung」は成長を意味し「roman」は小説を意味する）が由来で、主人公の自己形成の要素が濃い小説を指す。１８１９年に言語学

図17　自己物語の調節

者のカール・モルゲンシュテルンが名づけたもので、ゲーテが18世紀後半に書いた『ヴィルヘルム・マイスターの修業』に始まるとされる。トーマス・カーライルがゲーテの小説を英語に翻訳して１８２４年に英国で出版された後、多くのイギリス人作家がこのジャンルに影響され始めた。それからヨーロッパ中に、そして世界中に広く影響を与えた。

　ビルドゥングスロマンは現在、特定のジャンルとしてカテゴライズされるというよりも、その要素を持つたくさんの作品が生まれ続けている。強いて言えばアメリカの青春映画

(coming of age film) は部分的に似たところが多いが、こちらはユーモアも多く混じり、主人公が取り乱す要因も軽い恋愛で振られるなどの些細なことだ。ビルドゥングスロマンが本来持つ情熱はそこにはない。

　では、ビルドゥングスロマンの核となる要素は何だろう。それは主人公の「成長」である。主人公は人生の疑問に対する答えを求めて、旅に出て、その結果として「生きる」経験を獲得する。通常、物語の冒頭で主人公が旅に出るきっかけとなる感情的な喪失が描写され、その後、主人公は困難と立ち向かいながら苦労をしつつも徐々に発達、成熟していく**（次ページ図18）**。

　また、主人公と社会との間に摩《ま》擦《さつ》がある場合が多いのも特徴だ。主人公は社会の価値観を少しずつ受け入れ、最終的には社会からも受容される。その過程で己の過ちや失望を受け入れることになる。作品によっては主人公が成熟した後、誰かに手を差し伸べて助ける側になることもある。

　主人公の旅と成長という観点では、古代ギリシャ文学におけるホメーロスの「イリアス」や「オデュッセイア」のような叙事詩を原型として挙げることもできるだろう。

　また、少年漫画やアニメもこうした成長譚に該当する作品が多い。ただし、ビルドゥング

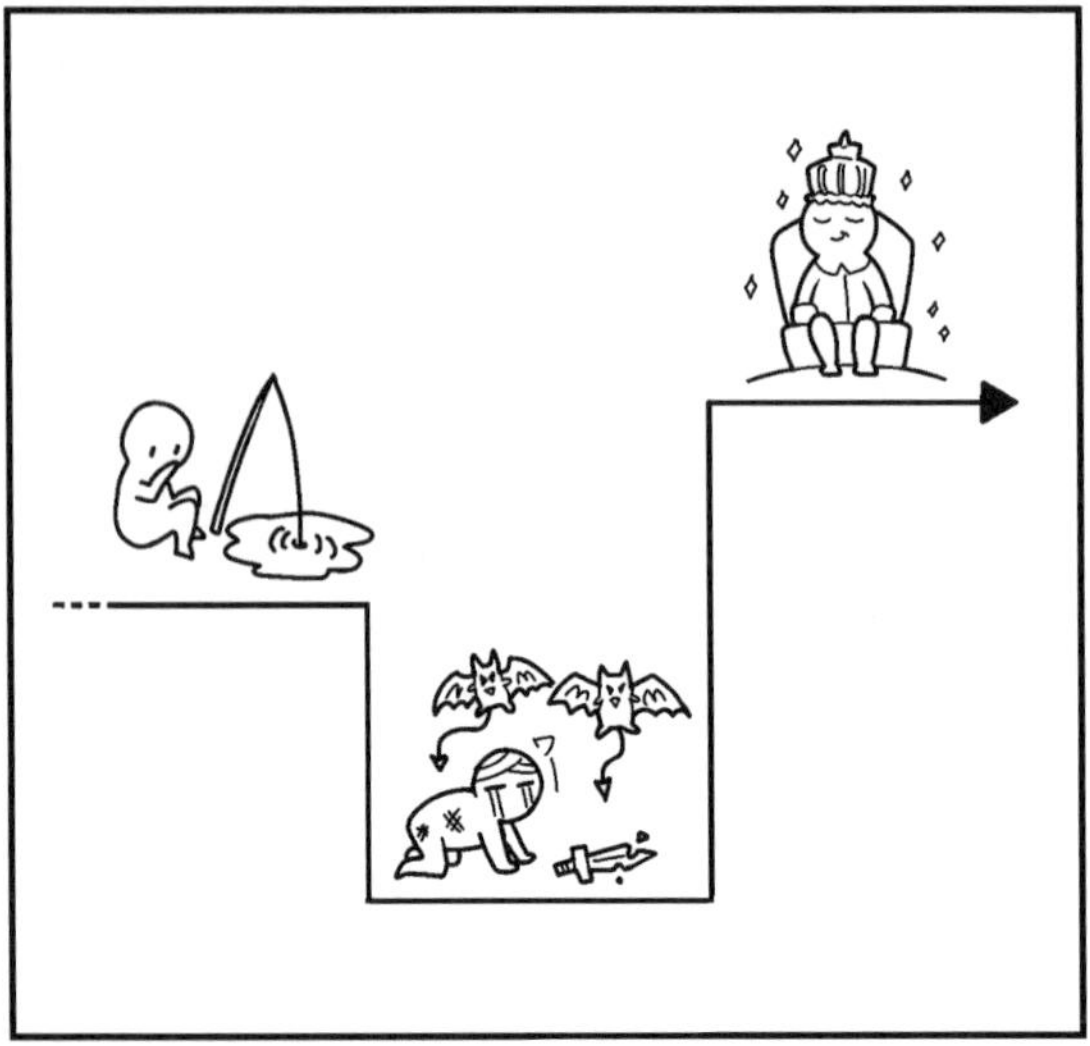

図18　成長譚の構造

スロマンとはズレがある。読者のターゲットは主に小中学生〜高校生と若く、女性の主人公も少ない。従って、アニメ療法が本来目指すべき成長譚とはやや異なる。

ストーリーの六つの条件

　アニメ療法で開発するストーリーにはジャンルの縛りこそ少ないが、以下のような要素が必要だと言えよう。

①　多様性と独自性
②　自己表現の抑圧と解放
③　主人公の目線（一人称）から世界を見ること
④　適切な精神的挑戦と困難な環境の乗り越え
⑤　レジリエンスの強調
⑥　変身の比喩

一つずつ説明していこう。まず①だが、アニメ療法の作品は多様性（diversity）を重んじる。ワンパターンなキャラクターやありふれた設定（少年漫画の男性など）に限定しない。様々な人に感情移入してもらうためには当然、文化も人種も人生も様々な設定を取り入れるべきだろう。最近の一部の日本アニメや漫画に見られる、お決まりの展開や狭い範囲でのみ共感を生むような語りは不要だ。単調な「キャラ」も望ましくない。

次に②の自己表現の抑圧と解放は、ストーリーとキャラクターに共通して重要な要素だ。抑圧と解放はストーリーの主たる動力となる。キャラクターは最初、自己理解や感情を制御する力の不足、環境による抑圧などがあって自由に自己表現をできず、自分らしく生きられない。だがストーリーが進むにつれて成長とそれに伴う環境の変化から自己のイメージを改善し、新たな力を発見する。最終的には、環境や社会のルールに自分なりに準じながら自己表現をできるようになる。

③の視点の個人化がなぜ求められるのかは、②とも関係している。抑圧と解放を描くためには、ストーリーの主な観点を個人の事情に収束させるべきだからである。社会、世界の事情（例えば戦争）を語るストーリーがふさわしくないわけではない。ただ、どれだけ大いなる出来事を語ったとしても、最終的にストーリーの観点、角度は個人へと戻るべきである。人間の感情に沿うことでナラティブの力を発揮させるのだ。

続く④、適切な精神的挑戦と困難な環境の乗り越えが必要な理由は、キャラクターが自己の内面と環境の間で葛藤するような描写が、自己理解のための観察学習に有効だからである。悩みの描写はもちろん精神疾患に限定するものではなく、日常的な悩みや感情の不調和、社会的、人間関係的な悩みも含める。特定の悩みを持っていなくとも、気軽に自分の感情や思考をもっと理解したい、整理したい人もアニメ療法の対象になる。

特にアジアの先進国において、心のケアに対するイメージは少しずれていると筆者は感じている。精神的な悩みは特定の人にだけ現れると思っていたり、大ごとに捉えたりする傾向があるのだ。決して恥ずべきことでも、欠如や弱点でもないのにもかかわらず。

心の健康と不健康には明確なラインが刻まれているわけではない。日常生活に支障がでないレベルのものもある。要因も環境や自己の性格、あるいはホルモンバランスなど多岐にわたる。統合失調症や特定のパーソナリティ障害は確かに遺伝的な傾向が強いが、誰しも心が不安定になる瞬間は訪れる。そうならない人間など存在しないと言ってもよいだろう。また、例えば涙もろかったりするのは立派な性質であり、必ずしも「治療」すべきものではない。

話を戻すと、アニメ療法におけるキャラクターは精神疾患を持つわけではないが、心がアンバランスな状態にある。それに対して自分たちなりに戦う姿に、鑑賞者は心打たれるだろう。

レジリエンスが力を与える

⑤のレジリエンス（resilience）という言葉は説明の必要がありそうだ。これは「精神的回復力」「抵抗力」「復元力」「耐久力」「再起力」など様々な日本語で表される概念だ。簡単に言うとネガティブな経験でダメージを受けたにもかかわらず、立ち直る、回復する、それに耐えてまたポジティブな結果を求めて行動できるような能力を指す。レジリエンスは当初、

貧困や親の精神疾患などによる不利な生活環境（adversity）に置かれた子供を研究対象としており、精神疾患に対する防衛因子として認められるようになった。

ＰＴＳＤとの関係を見ると、レジリエンスの本質がわかりやすくなる。アメリカ人の50～60％が何かしらの外傷的（トラウマ）体験を持つが、ＰＴＳＤになるのはそのうちの8～20％程度とされる。この差を生じさせるのがレジリエンスの強さである。また、弱さ（脆弱性）があるとレジリエンスも弱くなるわけではなく、両者は並立する。

具体的にレジリエンスは「自尊感情」「安定した愛着」「ユーモアのセンス」「楽観主義」「支持的な人が傍《そば》にいてくれること」などから形成されることが示唆されている（Ahmed 2007）。また、小塩真司らによれば「新規性追求」「感情調整」「肯定的な未来志向」という三つの因子で構成されるという。

レジリエンスとは一種の「能力」でもあるので、得ることもできれば失ってしまうこともある。例えば私たちは何か悪い出来事を頭の中で何度も思い出し、痛みを蒸し返してしまう。「反芻」と呼ばれるこのプロセスはレジリエンスの喪失を意味する。このようなネガティブなナラティブを書き直すことがアニメ療法には求められるのだ。

レジリエンスを回復させるナラティブアプローチの一例として、「エクスプレッシブ・ライティング」が挙げられる。日本語に訳すと「筆記開示」といったところだろうか。頭の中で感じるイライラやモヤモヤを、紙に書くことで言語化する方法である。

１９８８年の研究では、この手段を４日間行った参加者はそうでない人と比べてより自分を健康に感じ（６週間後の調査）、幸せの自覚も強い（６カ月後）という結果が出た。また、２０１４年の研究では、エクスプレッシブ・ライティングを３週間毎日行うことで、参加者は人生により積極的に取り組むようになり、時間の経過とともに悲観的な考えが減少した。

同様にアニメ療法においても、ストーリーを通じてキャラクターのレジリエンスが表現されることで、鑑賞者に力を与えると考えられる。

日本アニメのポジティブな「変身」

最後の⑥は変身の比喩だ。

変身（メタモルフォーゼ）の語源を辿ると古代ギリシャ語の「メタモルフォシス」（*metá*＝変化）（*morphḗ*＝形）にいきつく。直訳すれば「変態」で、昆虫が蛹《さなぎ》から羽化する姿などがわかりやすい。この時、例えば羽が生えるといった新たな機能を獲得することも多い。

メタモルフォーゼはギリシャ神話の重要な要素であり、アラクネ、ゼウス、ダフネといった神々の物語では形を変える能力が活躍する。ギリシャ神話ではほとんどの神々が変態の力を持っている。

アラクネは素晴らしい織物を作ることができる、全ての人間の中で最も優れている人間で、自身を芸術の神アテネに匹敵する能力があると思い込んでいた。自らも神々の一人と見なされたいと思ったアラクネは神々と勝負したが、アテネに負けたと知った瞬間に首を吊ってしまった。するとアラクネはしなびてしまい、足が8本になっていた。これが蜘蛛《くも》の成り立ちだとされる。他にも、アポロンから逃げるため月桂樹《げっけいじゅ》に姿を変えたダフネもメタモルフォーゼの例と言えるだろう。

興味深いのは、日本のオタクカルチャーも「変身」と深い縁があることだ。キャラクターが「変身」と叫んだのは、仮面ライダーが初めてだとされる。その後も特撮やアニメにおいて変身シーンはお決まりとなっている。敵を普段の能力では乗り越えられない「困難」の比喩とすれば、変身はそれを乗り越えるためのパワーの象徴ではないだろうか。巨大化したり服装が変わったりと、見た目にもわかりやすい。

ちなみに、仮面ライダーの「変身」というセリフはフランツ・カフカの著名な小説『変身』が由来だそうだ。ただし、カフカの「変身」にポジティブな意味を見いだすのは難しい。

読んだ人ならわかると思うが、主人公のグレゴール・ザムザにおけるそれは苦しみや劣化を伴う、劣悪なものだった。古代ギリシャ神話の変身もほとんどのケースにおいて、ポジティブな意味よりかは教訓や戒《いまし》めの意味合いが強い。キャラクターを描くためではなく、ストーリーのための機能という位置づけだ。

一方、日本のオタク文化における「変身」は仮面ライダーの大ブームで流行したことからもわかるように、基本的にポジティブなものである。こちらは逆に、ストーリーにおける機能を果たすよりも主人公の個人的な物語の軸をなす要素となっている。

日本の変身はビジュアルも派手だが、それだけではない。主人公が持つ潜在的なパワーと、それをコントロールできるようになったという内面的な成長を表していると思う。この「成長」こそ、先述の通りアニメ療法の描写の特徴となりうるのだ。そして鑑賞者の感情移入、自己変容の体験も増幅する可能性がある。以上がアニメ療法のストーリーの特徴である。

「模倣」と「真似」

ストーリーとキャラクターは密接に関係しているが、異なるメカニズムで影響力を持つ。ストーリーに固有のメカニズムは、先にも触れた「イメージ化」だ。これは鑑賞者の中に、

イメージ化が妨げられる例

イメージ化に成功する例

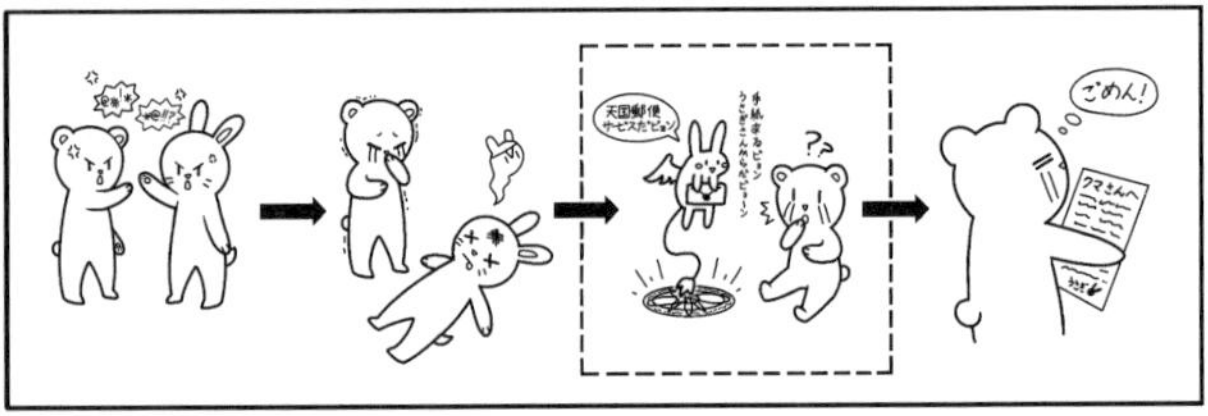

図19　物語によるイメージ化

作品内の場面の概念的、空間的、時間的、感情的な一貫性が生じることである。そしてイメージ化に成功した時、「エミュレーション効果」が鑑賞者へ働くと考えられる（図19）。

エミュレーション（emulation）とは、鑑賞者が観察内容（＝作品）の一部を学び、自己の目標達成のためにそれを利用する、観察的学習の一種である。エミュレーションは「模倣」であり、「真似」（imitation）とは異なる概念だ。エミュレーションは観察対象の行動そのものではなく、行動の結果に焦点を当てている。観察対象（＝作品）と「過程」が違っても同じ「結果」を成し遂げたら、それはエミュレーションだと言える。

これだけだと抽象的なので、ある実験を基に説明したい。サルたちは「実演者」「観察者」に分けられ、実演者は道具を使い食べ物をたぐり寄せ、観察者はその行動を見て理解した。すると興味深いことに、実演者のサルと別の行動（別の道具を使うなど）を取って同じ結果（食べ物を取る）を達成したサルもいたのだ。つまり、観察を経たサルは実演者の過程を真似しなくても、目標を達成できることに気づいたのである。こうした、同じ「結果」を目指した動きがエミュレーションである。

この実験を行った心理学者のマイケル・トマセロはエミュレーションを「他の動物の行動を観察して学んでから、学んだことを利用して自分なりに行動戦略を考える行為」と述べた。

単なる「真似」はエミュレーションと違って簡単な作業である。観察した全ての動作を機械的に再現すれば、それは真似になる。だから真似はある程度教えられる。一方、エミュレーションを完全に教えることは不可能である。なぜなら、観察者が対象の行動の意味を理解し、類似した場面で自分なりに活用する能力が求められるからだ。

アニメ療法におけるストーリーの体験の広がりは、他でもないエミュレーション体験だ。作品中で観察した行動を逐次真似するわけではなく、その行動に至ったキャラクターの内面を基に、自分の生活に当てはまる形で活用する。少なくとも、活用するためのヒントを得る。
例えばキャラクターAが空を飛んで場所Bに辿り着き、幸せになるストーリーがあったとする。だが、私たちが空を飛んで場所Bに行くことは不可能だ。肝心なのは、なぜキャラクターAがその行動をとったかである。おそらく、何か目的を叶えるためであろう。それを考えて自分なりにヒントを引き出し、幸せになるための洞察を得る。これがエミュレーションである。従ってエミュレーションは真似と違い、鑑賞者の解釈も必ず入る。

もちろん、アニメ療法におけるエミュレーション効果は自己の感情と行動の変容をもたらすものであり、サルの実験とは比にならないほど複雑だ。ただ、ストーリーのイメージ化がうまくいけば、エミュレーション効果を十分に促進できると考えられる。

フロー体験の作り方——③　キャラクター

最後に、キャラクターにフォーカスしたい。鑑賞者は物語の世界へ没入すると、しばしば自身が作中のキャラクターになったかのように感じたり、そのキャラクターを応援したり、好きになったりする。これは「同一化」のメカニズムによるもので、アニメ療法でも目指すところである（図20）。

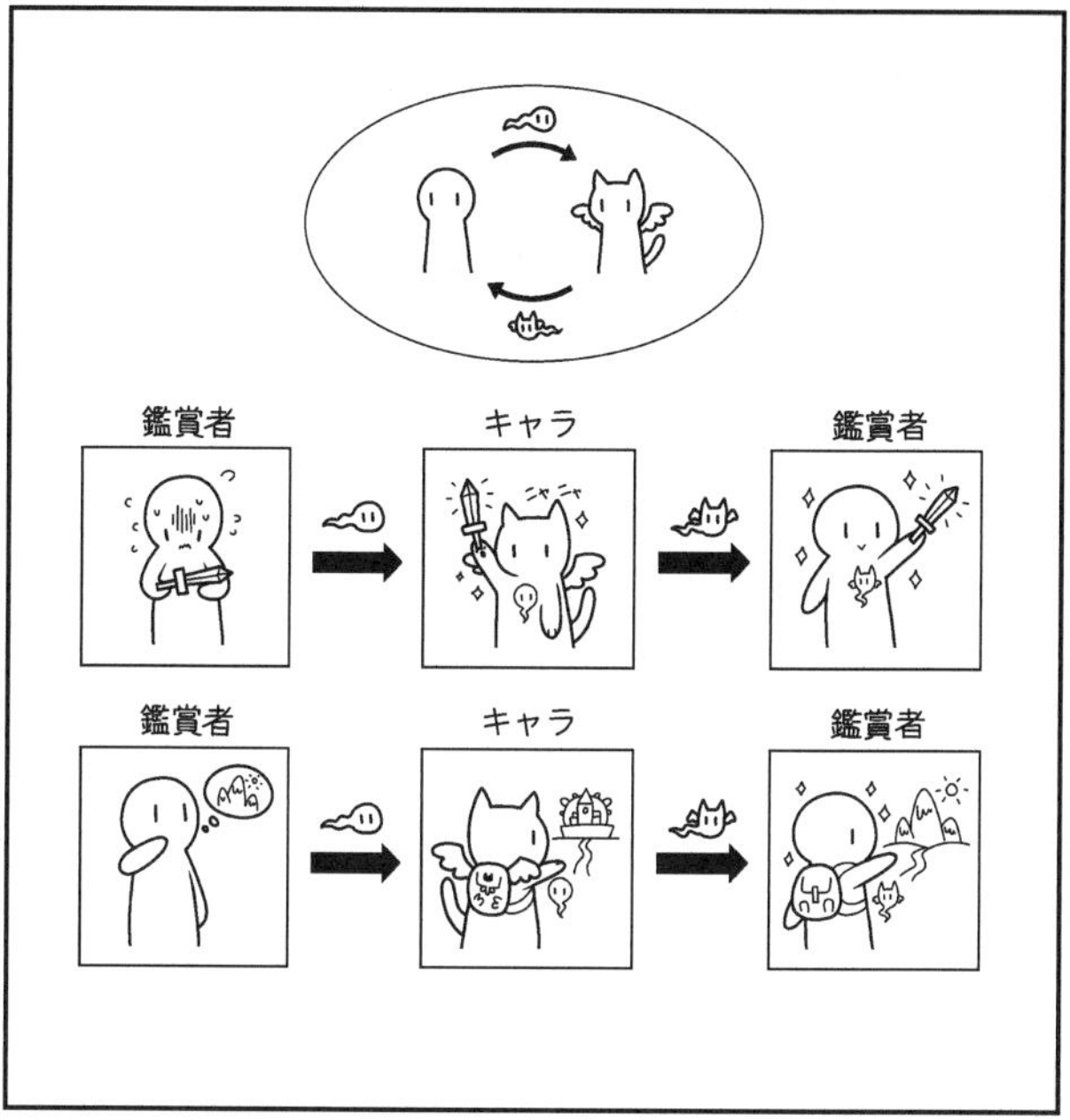

図20　キャラクターに抱く同一性

心理学者のベッテルハイムや哲学者のウォルハイムなどによると、人間は自己の同一性を抑圧することがある一方、他者あるいは物語のキャラクターの視点から自己を想像的に体験することもある。キャラクターの同一性を自分の同一性と置き換え、抑圧感が希薄になった時、登場人物として作品中の出来事を体験できるようになる。

人生において強く葛藤したり認めたくない感情が生

じたりする時、自己の同一性をキャラクターへと暫定的に切り替えることは、健康的で貴重な機会だと思う。そして鑑賞者はキャラクターから何かを学び、自分自身の同一性に再帰する。こういった「旅路」を、キャラクターの同一性体験と名づけたい。傷ついた自分の意識に休憩を取って、別の観点で世界を見るのだ。これは現実逃避を意味するわけではない。最終的に現実に帰還すれば、作品による同一性体験はカウンセリングの一種となる。

私たちとキャラクターとの関わりには認知的な側面と情動的な側面があり、共感（empathy）と同情（sympathy）が情動的な側面を形成する。前にも述べたが、共感と同情は異なる概念である。前者は相手になり切るようにその感情を自分も抱くことで、後者は相手の感情に対して自分なりに感情反応を示すことだ。キャラクターへの感情の密度が高いほど、同情よりも共感が生じやすい（Braun and Cupchik 2001）。また筆者の研究では、架空の人物への共感が高くなれば、実生活でも他者への共感が高まることが示唆されている（研究の詳細は第14章で紹介する）。

私たちがキャラクターに対して心理的な類似性を感じる時、同一化が起こる。つまりキャラクターは自分に似た、身近な存在のように感じられるべきだ。しかし一方で、私たちは自分自身に対してずっと満足しているわけでもない。常に理想の姿を求め、憧れている。もし満足できない今の自分に似つかわしいキャラクターを見たら、逆に嫌悪感が生じるのも否めない。キャラクターは部分的な自分の憧れ、希望を外在化した存在と言えるだろう。

例えばAさんは優しくて団結心が強く、友達をたくさん作りたいと思っているのと同時に、一人で行動することも好きで、探究心に溢れている。私たちは誰しもこうした複数の面を持つが、それを自覚することは簡単ではない。社会生活を送る中では特定の一面しか見えないこともあるだろう。その時物語のキャラクターと出会い、彼・彼女らの特質に共振(resonance)するのだ**（次ページ図21）**。

Aさんは皆に優しいキャラクターXに感情移入できる。だがそれだけでなく、好奇心と探究心に溢れたキャラクターYと出会えば、憧れを抱くとともに自分の持つ探究心に気づくだろう。私たちのアイデンティティは複数のキャラクターの中に、部分的に宿るのだ。

キャラクターが間に挟まることで、自分のまだ知らない側面に気づくことはより容易になると予想される。なぜなら、実際の人間と比べ架空の存在は性格がシンプルでわかりやすいからだ。キャラクターも複数の性質を持っているとはいえ大抵は二つくらいであるし、それぞれの面の純度は高い。さすがに実際の人間ほどにはややこしくない。

先ほど、私たちはキャラクターに対して「共振」すると言った。これは憧れや自己投影の

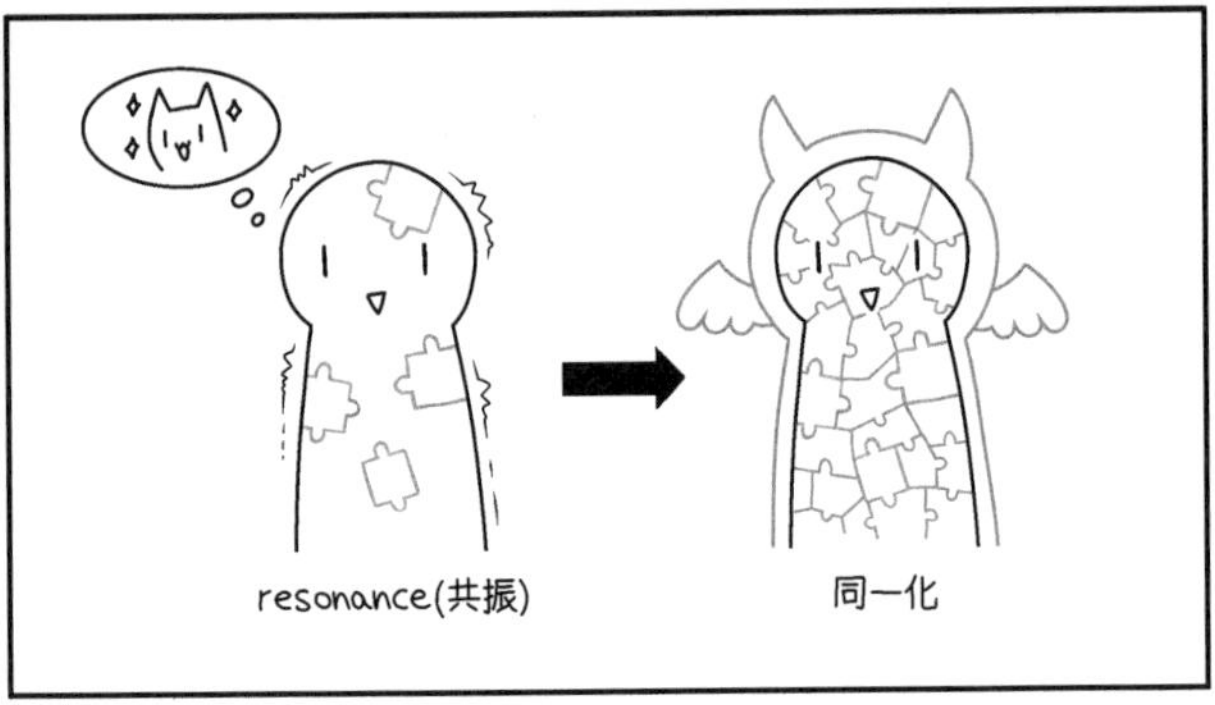

図21　共振と同一化

混ざった気持ちであり、キャラクターへ同一化するための前提となる。

共振とは、様々なキャラクターに対してアイデンティティのカケラを見つけ出すプロセスだ。あるキャラクターに対して部分的に自分のアイデンティティを発見すると、その部分が私たちの感情と「共振」する。その後、物語の鑑賞から時間が経ち、キャラクターからもらったアイデンティティのカケラは心の中に「沈下」し、アイデンティティの他の部位と組織的に融合していく。このプロセスを通じて自己変容、心理的な成長が達成され得る。

整理すると、あるキャラクターに対して「気になる」程度で軽く抱く憧れや嫌悪の気持ちが「投影」を生じさせる。その後、キャラクターの一側面が自身と重なることで、自身のアイデンティティとキャラクタ

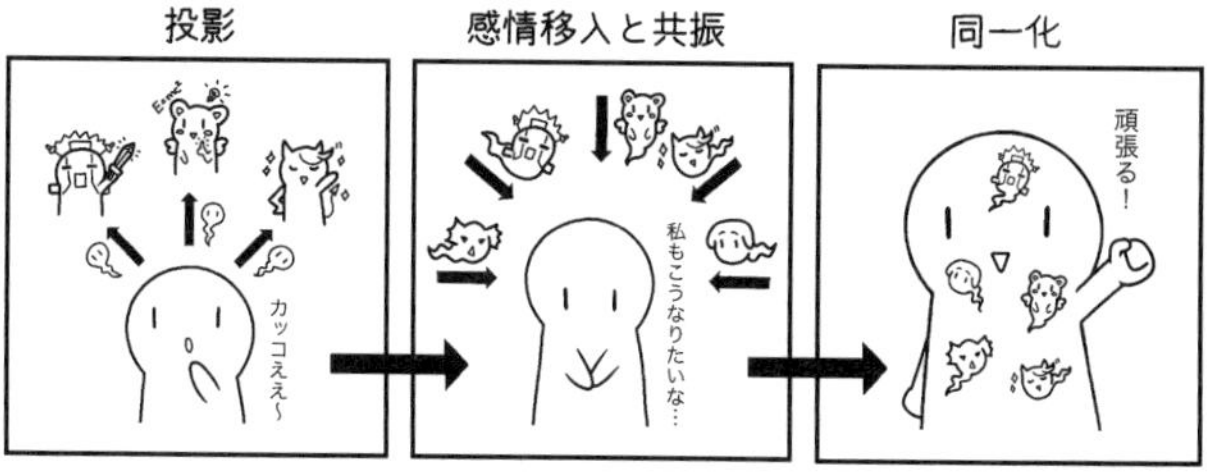

図22　物語による自己変容プロセス

ーのアイデンティティが重なり合う、「共振」が起こる。そして時間とともにキャラクターの持つ側面は自分の中に埋め込まれ、その後の言動を左右するようになり「同一化」へとたどり着く（図22）。

なお共振は、自分に似ているけれど完全には一致しないキャラクターに対して起きるものだと筆者は考えている。自分が心の底で欲しいと感じる特徴を持つキャラクターへの情動が生まれるのだ。物語世界では空想と現実のバランスが重要であるように、キャラクターも似て非なるところのバランスが鍵となる。

以上が、物語におけるフロー体験の設計である（次ページ図23）。

アニメ療法のストーリーの特徴

1)多様性(Diversity)とオリジナリティー
・ストーリーの内容、ジャンルに縛りはない。
・キャラクターは単調ではない。

2)自己表現の抑圧と開放
・キャラクターは最初、自己表現を自由にできない。
・ストーリーの最後には自己理解を深め、自分らしくなる。

3)Personalization of point of view
(語り目線の個人化)
・ストーリーの主なる観点は個人の事情にまつわる。

4)人間の体験に適した精神的チャレンジとその乗り越え
・キャラクターは内面的な様相と環境的な様相で葛藤、苦悩する。
・その描写がプレイヤー自己理解の観察学習の手段となる。

5)レジリエンス(回復力)の強調
・困難な問題、危機的な状況に遭遇しても、立ち直ることができる。

6)変身の比喩
・キャラクターの見た目の変容は内面の変容を強調する。

図23　アニメ療法におけるストーリーの設定

第14章　アニメ療法の臨床的・非臨床的なセッティング

新世代型の精神医療

本章ではアニメ療法を臨床で用いることを想定し、その流れを検討したい。机上の空論で終わらせず、実際にどう利用してもらうかを考える。

例えばこれまで紹介した映画療法やスーパーヒーロー療法は「臨床的」な方法だ。臨床現場、つまり臨床心理士や精神科医といった専門家の手伝いを借りて物語療法を受けることになる。一方、臨床現場を介さずにアニメやゲームを、例えばアプリで直接対象者に届ける形もありうる。これは「非臨床的」な方法と言えるだろう。

本書では、精神疾患のみを治療対象にし、医療機関という現場でしか受けられない精神医療を「旧世代型の精神医療」と名づける。一方、予防も含めて心のアンバランスを治療対象にし、作品自体が治療の「現場」となる精神医療を、「新世代型の精神医療」と名づけたい。

ちなみに、「予防」にも様々な考えがある。生活習慣改善、健康教育、病気にならないためのケアを意味する一次予防。病気の早期発見、早期段階の治療に力を入れて重症化を防ぐ二次予防。治療過程において、病気に二度とかからないよう再発を防止する三次予防。アニメ療法はこのうち、一次予防と二次予防にあたると考えられる。

「患者」ではなく「ユーザー」

また、アニメ療法を受ける人をどのように呼ぶか。第12章で少し述べたが、改めてハッキリさせておきたい。

もし、受け手が精神疾患を持っていたら「患者」と呼ぶべきかもしれない。しかし何度も言うようにアニメ療法は、病名がついていない、広い意味で心が不安定な状態にある人も対象にしたい。人間の心は健常‐疾患という白黒の次元ではなく、常にその間で揺れ動くものだからだ。

アニメ療法による改善を目指す「心のアンバランス」はストレスのある環境や不幸な出来事、本人の遺伝子や性格など様々な要因で起こりうる。もっと言えば、普段の生活で抱える悩みの種から容易に発生してしまうものだ。食べ過ぎた時の胃もたれと同じようなものである。私の同胞でもある精神科医のフランコ・バザリアの言葉を引用すれば、「私たちのなかには狂気が存在する」。こちら（健常者）とあちら（疾病者）が存在するのではなく、誰の心も不安定になる素地があるのだ。

従って、アニメ療法においては受け手のことを「ユーザー」という、なるべく平易な表現で呼ぶことにしたい。それにより、もっとフラットでカジュアルなものとしてアニメ療法に接することが可能になると思う。

歴史上、精神の悩み、病気は差別や偏見を呼び起こすものでもあった。今でもそうした負の刻印を恐れる人はいるだろう。もちろん度合いによっては精神疾患と定義されるべき場合もある。だが、名前をつけたからといってその実態や患者の捉え方は異なる。心のアンバランスに具体的な名前をつけることには、慎重であるべきだろう。

ところで、アニメ療法のユーザーは誰になるだろうか。物語作品という手段との親和性を考えれば、若年層が特に中心になると思われる。

現状、若年層向けの精神医療は足りていない。精神疾患を対象にする心のケアには若年層が近づき難いという現実がある。重苦しく無味乾燥した医療機関を受診し、発達障害やうつ病など大仰《おおぎょう》な病名をつけられ「患者」として扱われるのは、愉快な体験ではないだろう。こうした旧世代型の精神医療は、薬剤治療や専門家との対面カウンセリングも含め、厳格で相手を萎縮させがちだ。

一方、新世代型の精神医療は精神異常の定義を「心のアンバランス」と広く取り、人生の悩み、人間関係の摩擦、自己形成と表現、学校や労働など様々な問題に向き合う。幅広いニュアンスを持つだけでなく、グレーゾーンを認め、治療も予防もカジュアルに行うので取り入れやすい。

また、ゲーミフィケーションなどを導入することで、わざわざ「受診」する必要がなくなる。この場合、受け手の実態も文字通り「ユーザー」あるいは鑑賞者になるので、個人・社会ともにアニメ療法はかなり開かれたものとして捉えてもらえるだろう。加えて、都市部に住んでいなかったりしてアクセスビリティに乏しい人へも有効な手段となる。

カウンセリングの質問例

新世代型の精神医療のメリットを挙げたが、とはいえ旧世代型の精神医療が必要になることも当然ある。非臨床的なアプローチには予防のニュアンスが強く、より治療に重きを置いた網羅的なケアに関しては、薬剤治療も含めて専門家の受診が不可欠な場合があるからだ。

アニメ療法が臨床的な方法を取る場合、それは対面のカウンセリングである。専門家とクライアントが一対一で向き合うこともあれば、集団療法もあり得る。映画療法やスーパーヒーロー療法との類似点もあれば、オリジナルの部分もある。

まず一対一の場合、専門家（臨床心理士または精神科医）はクライアントのニーズに合わせた作品をすすめる（漫画、アニメ、ゲーム、小説など）。既存の作品を使ってもよいが、アニメ療法のために制作された作品の方がスムーズだと思われる。あるいは、クライアント自身の好きな作品を素材とするのも一つの方法であろう。作品の鑑賞を通じてクライアントの特定の感情、行動変容を呼び起こすのが目的だ。

従ってどのような作品を選ぶにせよ、どういう効果を狙うのか、生活面のどういった点の改善を目標に置くのかを、クライアントと対話して決める必要がある。例えば喪失体験の処理、喪失の感情と向き合うことを目標にするなら、喪失による負の感情とそれによる生活の支障を克服したキャラクターの物語を選び、それに基づいてカウンセリングを行う。自分の経験に直に触れるのは抵抗が生じてしまうので、キャラクターの物語を起点に、その感情などに触れながら間接的にクライアントの体験へと近づく。

・キャラクターAは場面Xでこう感じていたけれど、あなたが同じような場面にあったらどのような反応をしましたか？

・キャラクターAはここを改善するためにこう考えて、こういう行動を取った。あなたはその行動を取ってみたいと思ったことがありますか？

こうした質問を重ね、キャラクターとクライアントとの間に「共振」を起こす。共振が起きれば、クライアントはそれまで考えつかなかった問題解決のヒントを思いついたり、己の感情に自覚が湧いたりする。共振を起こすためにも、作品を選ぶ際にはストーリーだけでなくキャラクターに対してクライアントが自己投影できる部分があるか注意を払う必要がある。

一対一のカウンセリングだと相手のニーズに合わせたセラピーを構築しやすい一方、集団療法は当事者同士のワークショップを設けられるのがメリットだ。互いにキャラクターの感情と行動に触れつつ、間接的に自己の経験を相手に打ち明けることもできるだろう。

鑑賞会を設けることもできる。まずセラピストは当事者と相談して作品を選び、当事者同士で作品を鑑賞した後にワークショップへ移る。作品の長さ次第では、鑑賞会とワークショップを数回に分けてもよい。ナラティブセラピーのように、感情や行動の変化の目標を設定するのも有効だ。ワークショップの主催者は臨床心理士や精神科医などの専門家となるが、マニュアルに従えば当事者同士だけで開催することも可能だろう。この場合、完全な自助のグループへと発展できる。

フィードバックのスタイル

このように臨床的な方法も取り得るが、やはり非臨床的なアプローチが可能である点がアニメ療法の大きな魅力ではある。繰り返すが、若年層は心のケアのためにわざわざ厳格な医療機関には行かないし、アクセシビリティやコスト面が有利で、楽しくカジュアルな方法があればそちらを選ぶだろう。テクノロジーにより客観的な指標で評価をできる点もメリットだ。

非臨床的なアニメ療法はさらに、「フィードバック型」と「非フィードバック型」の二つに分けられる。フィードバックとは鑑賞者が作品とインタラクト（交流）することを指すので、その有無を意味する。鑑賞者側のアクションを求めない受動的なもの、例えばアニメ、漫画、映画などの単純な鑑賞が「非フィードバック型」に該当する**（次ページ図24）**。

おそらく、フィードバック型のアニメ療法は非フィードバック型よりも効果が高まると予想される。今はまだＡＩ技術などを作品へ取り入れることは難しいが、将来は映画における４ＤＸシネマの進化のように鑑賞者が作品とインタラクトできるようになり、可能性が広が

図24　アニメ療法におけるフィードバックの種類

るだろう。これを一次型フィードバックと呼びたい。この時、ユーザーは極端に言えば「プレイヤー」となる。

フィードバック型のアニメ療法は対面でのカウンセリングのようにＡＩと会話のキャッチボールを行う。現状でイメージしやすい例は健康アプリだろう。ただ、これには「楽しさ」が欠けている。楽しくないと、アドヒアランス（ユーザーの積極的なかかわり）が期待できない。だから無機質なアプリではなく、ストーリーとキャラクターが駆動する必要があるのだ。自分のために何かをすることは、あくまでも楽しさの副産物である。

こういった意味で、非臨床的‐非フィードバック型アニメ療法の理想形はゲームである。ただし、あくまでも一般的なユーザーを対象にするため、デジタルに特化したセラピーには当てはまらない。

とはいえもちろん、アニメ療法は楽しいだけでなく治療的な側面も求められる。それをどのように担保するのか。三つのポ

図25　機能性作品の特徴

イントを指摘したい。これらが揃った時、機能性エンタメ作品が生まれる（図25）。

① 表現、ストーリー、キャラクターの設定
② ＡＩカウンセリング、ＡＩメンタルケア
③ 物語作品（架空世界）と現実（物理世界）の懸け橋

ＡＩカウンセリングのアイデア

①に関してはすでに第13章で説明した通りである。②③は解説が必要だろう。まずは②について話したい。

ＡＩを利用してどのような機能を付与するのか。筆者のアイデアは次の通りだ。

・キャラクターたちとのチャットボット
・ユーザーの感情、思想、心理的傾向を把握する機能

・総合的なデータ分析からユーザーのニーズに合わせて変化するフィードバック

ユーザーの考えや喜怒哀楽などに合わせて好きなキャラクターとやりとりできるのは魅力となるだろう。これまでのセラピーにはこうしたテイラードな（個人に合わせた）部分が欠けている。架空のキャラクターとのインタラクトであっても、自身に直接話しかけてくれば孤独感を和らげ、寂しさの気晴らしとなる。

・キャラクターたちとのチャットボット

例えば、ＲＰＧでは最初に設定したプレイヤーの名前をゲーム内のキャラクターが呼びかけてくる。もちろん名前だけでユーザーとキャラクターの親密度を上げるのは難しいが、ユーザーの個人情報を登録してもらえば様々な工夫を重ねられる。ユーザーの感情や考え方、時々の気分を判断し、キャラクターはそれに合わせて会話をするのだ。

有名な例として、アメリカの Woebot と日本の emol がある。これらの健康アプリはＡＩの自然言語処理を通じて認知行動療法やＡＣＴに基づいた会話を行い、ユーザーの精神状態を管理している。Woebot はユーザーの個人情報を登録、蓄積し、情動の変化の傾向などを学習する。スタンフォード大学が監修しており、臨床実験でも軽度のうつ病に対する有効性を示している。ただし、当然ながら重症のうつ病へは対応できない。emolも感情の記録とチャットボットに類似した機能を持ち、呼吸法の実践やマインドフルネスの音声ガイドなどを提供する。

アニメ療法におけるＡＩのチャットボットはこうしたアプリとの大きな違いを一つ設けたい。それはＡＩがマスコット的に振る舞うのではなく、ストーリーやキャラクターのパーソナリティに合わせる点だ。キャラクター自身が持つ物語や性格設定に基づいて、アドバイスやコーチングを行う。

・ユーザーの感情、思想、心理的傾向を把握する機能

続いての機能はユーザーのことを分析、測定する部分にあたる。アニメ療法に基づいて作品を鑑賞し、インタラクトする人の表情や身体の動き、さらには赤外線で体温を測定し、声のメリハリも分析してプロファイルを作る。そしてユーザーの状態に合わせてゲーム内のＡＩはキャラクターの表情や会話を変動させる。

表情と感情の関係についての研究は心理学者のポール・エクマンが先駆者だが、彼によれば顔の表情は文化に依存するものではなく、人間の普遍的なものだとされ、主に七つ（「怒り」「嫌悪」「悲しみ」「恐れ」「喜び」「驚き」「軽蔑」）の表情と、そのペアになる感情があるそうだ。確かに、私たちは言葉を発するよりも前にこれらの感情を顔に出すことがある。

表情分析のツールとしては、マサチューセッツ工科大学発祥のAffdex社が開発したAffectivaがよく知られる。Affectivaは様々な応用があり得るが、ゲーム産業でも今までにない体験を提供できる可能性が生まれるだろう。他にも、声のトーンや体温を含め、私たちの状態を測定し適切なレスポンスをする技術はますますの進化が予想される。

また、精神科にAIを活用し、症状を定量化する実験が慶應義塾大学病院で行われている。岸本泰士郎の研究グループによるこの実験はPROMPT（Project for Objective Measures Using Computational Psychiatry Technology：情報通信技術や機械学習を活用した精神疾患重症度の評価）と呼ばれている。

PROMPTは遠隔医療における、患者の精神症状の定量的な評価を目指す。他の医学分野と違い、精神科診療は患者の苦しみを定量化しにくい要因が多い。生態的な指標が少なかったり、診療における対話では客観的な評価が難しかったりするのだ。そこで患者の声の調子や態度、表情などの変化を定量化し、重症度との相関を分析する機械学習アルゴリズムが開発された。また患者にはウェアラブルデバイスを着用してもらい、日常生活での活動（睡眠など）を正確に把握し、一括したデータプロフィールを作成する。

アニメ療法もこれを応用して、一般的なカメラとマイクさえあれば、キャラクターを介した会話・質問を基にユーザーの性格傾向を把握したり調子を測ったりすることが可能だと思う。そこでの分析に基づいて、キャラクターは個人に最適化されたセラピーを準備する。こうしたＡＩカウンセリングの要素がアニメ療法の作品中に内蔵できれば、より良い体験を設計できる。

もちろんアニメ療法のＡＩカウンセリングではユーザーに「症状」を名づけることはしない。あくまで、ユーザーの感情的な状況や心のアンバランスの程度を計測することに留まる。現在の健康アプリと同様、プロの専門的治療が必要になる手前の段階で監修するのが望ましいだろう。

・総合的なデータ分析から鑑賞者のニーズに合わせて変化するフィードバック

そしてここは従来の健康アプリと異なる点だが、アニメ療法のＡＩはユーザーのデータを総合的に分析するだけでなく、複数のキャラクターの中からユーザーの性格や気分に合わせたキャラクターとマッチングをさせる。そしてユーザーはキャラクターのストーリーを知りながら、交流する。このように、ＡＩカウンセリングとナラティブセラピーを融合させた体験の提供はアニメ療法ならではのものだと考える。

私たちがＡＩを信用できない理由の一つは、人工感がまだ強いところにあるだろう。だからこそ、キャラクター自身の性格を持ち、自身の物語を語るＡＩが必要だと言える。冒険をして己自身と闘う姿を見せる、人間味を有する架空のキャラクター。ＡＩカウンセラーにはそのような仮想の仲間になってもらう。

以上がＡＩカウンセリング、メンタルケアに関する筆者のアイデアだ。

最後に③のポイント「物語作品（架空世界）と現実（物理世界）の懸け橋」について触れよう。アニメ療法はユーザーに安全な架空の居場所を提供するだけでなく、自己の現実につながる要素を提供するのも目的だ。

アニメ、ゲームなどのフィクションの娯楽に対しては、孤独を促す、現実世界から隔離をもたらす現実逃避にすぎないという先入観がある。しかし、これらの物語が持つ建設的な要素、観察学習にあたる部分を活かせば、むしろ本人の「現実」を扱う能力が増すはずだ。

例えばコスプレは物語と現実を繋ぐ架け橋の一つだろう。架空の理想の姿を見に纏《まと》い、現実の場所で他者と交流する。引きこもり、孤独を感じていた人でも、コスプレのおかげで外に出ることができ、友だちを作ることができた例は数多い。

その他にも例えば、ＡＲ（拡張現実）の技術を取り入れたゲームであれば、ＡＲのオブジェクトを実物のそれと繋げることができる。またゲームの場合、特定の物理的な場所に行かない限り、あるイベントがアンロックされないようにも設定できる。鑑賞作品の場合は同様に、特定の場所に行かない限り特定のシーンを鑑賞できなくするわけだ。あるいはプロフィールがマッチしたユーザー同士が協力すると特定のアイテムを獲得できるようにしたり、作品内のミッションとして登場するテストの内容を実際の資格試験と連携させてもよい。仮想現実における行動が現実世界に反映されるようなギミックは実現性も十分に高い。

こうした考えた方の代表例が「ポケモンＧＯ」だろう。九州大学ひきこもり研究ラボ室長である加藤隆弘の研究チームは、ポケモンＧＯの社会現象とひきこもり患者への影響の可能性を分析し、メンタルヘルスのためのゲーミフィケーションアプローチの未来を示唆した。ゲームのプレイが引きこもりの屋外への外出や社会活動への参加意欲を高めることを明らかにしたのだ。その中で、これまで屋外に出られなかった患者が他のゲーマーでいっぱいの公園で時間を過ごす姿を初めて見て驚いたと加藤らは述べている。

アニメ療法も、仮想現実に人を逃避だけさせて現実社会を衰退させることは目指していない。それは端的にディストピアだろう。コンテンツ次第では、仮想現実と物理現実が互いを高め合う未来も決して夢ではないだろう。

筆者の研究例——① 予備調査（インタビュー）

この章の最後に、アニメ療法の導入を模索する筆者自身の研究を紹介したい。

筆者の研究は、精神的に苦しんでいる人たち（不登校、引きこもり経験者）の日常生活において、物語作品（フィクション）を消費することに精神的な利点があるかどうかを調べたものだ。そして、利点があるとしてそれは何なのか、実態調査を踏まえた上で、心のケアを提供するためにデザインされた物語作品（ゲーム）が、他の活動（例えば心理教育など）と比べてどのような利点があるかを調べるという構成である。

感情と思想の変化に対する物語作品の心理的な効果を調べた研究例は極めて少ない。加えて、アニメ療法のようにそうした効果を元から目指して作られた作品に関する研究は、筆者が知っている限り一例しかない。そのため、筆者の研究はどういう効果を期待できるのか事前に予期できない、パイロット的な位置づけとなった。具体的には次の三つの調査を行った。

① 予備調査 - インタビュー調査
② 予備調査 - アンケート調査
③ 介入研究 - 無作為化比較試験（ネット調査）

①の調査は、介入研究に用いるアプローチが参加者に受け入れられるかを探ること、社会的・精神的に苦しい体験をした当事者が物語作品の鑑賞によって感情や行動が変化した経験を聞き取ることが目的だった。調査対象は精神科（デイケア）に通っていた引きこもり経験者17名で、以下のような事柄を聞いた。

・物語作品を鑑賞することで感情及び行動の側面の変化が生じる可能性について
・視覚、聴覚の刺激を通じた鑑賞が読書以上に感情移入（従って精神的変化）を促す可能性について
・他の趣味と比較して物語作品に彼らが置いている比重
・物語作品の感想をもっと話し合える場面を希望するか

・物語作品を見て、登場人物の悩みに自分自身が重なったことや共感したことを共有する場に参加することを希望するか

調査結果を分析すると、まず鑑賞体験には二つのパターンが見られた。一つはただの暇潰し、日常生活の楽しみ、気分転換といった興味本位のカテゴリー（7例）。もう一つは負の感情の回避・軽減、陽性感情の高揚、教訓の学習、自分の理想像の形成など、いわゆる自己変容に通ずるカテゴリー（6例）。両者が混在する回答もあった（4例）。

感情の変化に関しては、負の感情の軽減を自覚した者が8例いた。それを目的としていたかは別として、雑念が浮かばないようにしたり、嫌な気分を取り除いたりすることが可能だった。行動の変化に関しては、物語鑑賞で行動が直接的に変わったというよりは、登場人物を手本にして自分を変えたい願望が生じた者が10例いた。同時に、キャラクターへの共感（14例）と自己投影（8例）を答えた者もいた。このことから、引きこもり、不登校経験者にとって感情移入により生じる憧れや共感が自分を変えたい願望につながっている可能性があると考察できる。実行までには移らないが、鑑賞したことを実生活にも生かしたいと思う人も多かった。

また、調査参加者のほとんどが作品に関して他人と感想をもっと話し合える場面を希望していた（16例）。社会参加がうまくいかない人にとって、物語作品の鑑賞は他の趣味と比較すると受動的で手に届きやすく、日常生活において感情をサポートする役割を果たしていることが示唆される。

筆者の研究例――②　予備調査（アンケート）

②のアンケート調査は引きこもりと不登校経験者の物語作品鑑賞の実態を調べることと、鑑賞率の高低や感情移入の度合いが具体的に精神的な影響を及ぼしているかを調べることが目的だった。精神科クリニックや引きこもり経験者の支援施設（5カ所）に所属する経験者80名を対象にアンケート調査を実施した。女性20名、男性60名で平均年齢は36歳（最大56歳、最小19歳）だった。

結果を見ると、物語作品の鑑賞はうつ病と不安障害の間には相関がなかったが、物語作品を普段から鑑賞する参加者はそうでない参加者と比べて、物語作品を見る時のリラクゼーション反応が高いことが示唆された。また、物語作品への感情移入が最も強い参加者は他者への共感（特に想像性と他者指向的反応）との相関が有意に高かった。さらに、友人関係が保たれている参加者はそうでない参加者と比べて他者への共感性（特に自己指向的反応、視点取得）との相関が有意に高かった。

普段から物語作品を鑑賞する引きこもり経験者は不安症状が高いものの、物語作品を鑑賞する時のリラクゼーション反応がもっと高かった。なお、イランのイスファハン大学のソヘイラ・モイデーらによる先行研究（「Effect of watching a movie on family members' anxiety level during their relatives' surgery」）でも、心理的ストレスの高い状態で映画を鑑賞することで不安が和らぐことが示唆されている。普段から作品をよく鑑賞する引きこもり経験者が、物語作品鑑賞の保護的効果によって高いリラクゼーション反応を得ているのか、それとも生理的認知的に緊張している患者に物語作品を見せたらリラクゼーション反応を誘発できるのか。今後の研究課題になり得る。

物語作品への感情移入度が高い引きこもり経験者の共感も高いことは、どういう可能性を示唆しているのか。引きこもり経験者は元々社会性が阻止されている群であるが、先行研究では鑑賞自体が社会的経験のシミュレーションになり、現実社会での対人関係があまりなくても、作品におけるキャラクター同士の関係性の観察が対人関係の代理体験となる可能性があると示唆されている（Oatley K 2002）。

友人関係が保たれている引きこもり経験者はそうでない群と比べて他者への共感性（特に自己指向的反応、視点取得）との相関が有意に高かった。友達の数や関係が社会的行動を示す共感性と相関することは当たり前の結果に見えるが、この示唆の裏付けになるのではないか。つまり物語作品に対する感情移入は、友達の数とともに共感性の一つの予測因子になる可能性があるということだ。物語作品と鑑賞者の共感との間に因果関係が本当にあるかは、今後明らかにしたい重要なポイントである。

筆者の研究例——③　介入研究

最後に③を解説したい。筆者は②の調査結果を踏まえ、物語作品（オリジナルビジュアルノベルゲーム）の有効性を検証した（プログラム実施前・実施後の調査を比較）。

筆者はここで利用したゲームを機能性ゲーム（functional game）やナラティブゲーム（narrative game）と称した。予算の関係もあってかなりシンプルな素材のゲームとなったが、このプログラムでは精神医学的な有効性、つまりは抑うつ気分や不安の軽減、リラクゼーション効果、共感性や感情移入の向上を期待した。

プログラムの参加者は引きこもり、不登校の経験者（自己申告）で、介入プログラムを受けるグループと受けないグループに分けられた。前者は物語作品（オリジナルビジュアルノベルゲーム）を鑑賞し、後者は心理教育、いわゆるノンフィクションのプログラムを受けた。第9章などでも議論した、感情に基づく説得は認知に基づく説得よりも効果的であることを検証するためでもある。

この介入研究の参加者は合計40名で、全てネットで行われ、参加者は好きなタイミングでプログラムに参加できた。ただし、質問紙調査の回答はプログラム参加前と参加1週間後に行った。

この介入プログラムに使われた物語作品こそが、これまで検討した治療の効果を持つアニメ（ゲーム）の「原型」と言える。「Believe Your Light」というタイトルの、オリジナルのビジュアルノベルゲームだ。小説のようにテキストを読み進めながら、プレイヤーはストーリーと関わる。キャラクターもオリジナルだ。オリジナルイラストに、著作権フリーの音楽や効果音、背景画像を組み合わせた。画面にはバックグラウンドの画像、オリジナルキャラクターの立ち絵、キャラクターのセリフを含むメッセージボックスを表示させた。

二人のキャラクターのストーリーがあり、その中身は各10章から構成される成長譚である。それぞれのキャラクターは悩みを抱き、生きづらさを感じている。最初の3章でキャラクターは様々な出来事を通じて、日々の生きづらさや自分の悩みを語る。4、5章では負の感情がピークに至り、キャラクターたちは前に進む力を失う。だが6～8章では何か（自己啓発、周りの人間関係など）をきっかけにしてキャラクターたちは自分に自信を取り戻し、前向きになる。そして9、10章では心も姿も「変身」したキャラクターたちの新しい生活が紹介される。いわゆる「英雄の旅」と言われる構成である。

鍵は感情移入の操作

しかしこの介入研究は残念ながら、色々な制限もあり、有効性につながる結果が認められなかった。これにはいくつかの理由が推測され、今後のアニメ・ゲーム制作に活かせるはずだ。

まず、この研究はネット調査であるためにプレイ環境を観察できなかったのが致命的な欠点だった。例えば参加者が指示を守っているか確かめられないし、ストーリーに集中してもらえなかったかもしれない。調査回答のタイミングも指示通り行われなかった可能性がある。

また、ストーリー内で個人の不幸にまつわる強い負の感情を扱った場面もあった。最終的にはハッピーエンドの展開なのだが、負の感情の処理がうまくいかず、前にも述べた自己防衛が働いてしまった参加者がいたかもしれない。さらに、プログラムによる心理効果が出現するには月単位以上の時間がかかると思われるが、参加後の調査実施は1週間後であった。ナラティブの説得的な効果を判定するには長いスパンの経過観察が必要である。

　実はこれまでの研究でも物語への関与、感情移入を操作するのは難しいことがわかっている。グリーンやブロックらも過去に感情移入を増やす実験を行っているが何度も失敗しており、4回目の実験でようやく、読書中に注意をそらす作業をさせることで感情移入を「減らす」ことに成功した。このように、感情移入の操作は困難な上に、度合いを上げるよりも下げる方が容易だと考えられる。

　結果をまとめると、前述した筆者のパイロット研究ではコントロール群（ノンフィクションによる心理教育）と比較して、介入群（ナラティブゲーム）の方が物語作品に対する感情移入度は低かった。また、介入群の物語への感情移入はプログラム参加前と比較して参加後の方が低かった。つまり、介入プログラムへの参加は感情移入を低下させた。

　逆説的ではあるが、介入群は負の感情の心理的な処理が多かったためだと推測できる。プログラム（ゲームの設定など）を改善すれば、感情移入を高めることは十分に可能であろう。この研究の結果も踏まえて、より優れたナラティブの開発に取り組みたいと考えている。

第15章　アニメ療法の実現可能性と今後のステップ

筆者の研究は今のところ望ましい結果が出ていないが、最後にいくつか、アニメ療法とは異なるコンセプトであるが物語作品をメンタルヘルスの分野に活用した成功例を紹介したい。加えて、アニメ療法にふさわしいストーリーとキャラクターを持つ既存の作品や、アニメ療法の今後の課題にも少し触れたいと思う。

プレイセラピー

セラピストが遊びの治療的機能を活用して、心理的・社会的に困難を抱える人を支援する「プレイセラピー」という療法がある。プレイルームでは、楽器、美術品、工芸品、衣装、テレビゲームなど多岐にわたるアイテムが用意される。不安や抑うつなど負の感情の軽減や自尊心の向上といった成果が報告されている他、若者の自己表現や社会スキル（人間関係構築、コミュニケーション、協調性、互恵性の感覚など）を身につけるのにも役立つとされている。

また、次のような治療的機能も持っている。

・洞察を促し、内的葛藤の解決を助ける（Milgrom 2005）
・価値観や態度、自己意識、認知能力、人生の問題（学校や人間関係に関するものなど）といった自分の内面についての自己理解を深め、自己反省を促す（Breen and Daigneault 1998）
・問題解決能力や対処能力の向上に寄与する（Breen and Daigneault 1998）
・自信を高める（Breen and Daigneault 1998）

「SPARX」のデジタル介入

物語作品の中でもゲームをメンタルヘルスに用いた成功例を二つ紹介したい。「SPARX」と「問題のあるシェアハウス」だ。

「SPARX」はニュージーランドの首相が主導する「ユースメンタルヘルスプロジェクト」の一つとして、オークランド大学の精神科医チームが開発したゲームである。「SPARX」というタイトルは「Smart」「Positive」「Active」「Realistic」「X-factor thoughts」（新しい考え方）の頭文字から取られており、正確にはビデオゲームではなく教育用ソフトに該当する。認知行動療法に基づいたアドバイスやセリフなどを用いた、ファンタジーの世界を舞台にしたＲＰＧだ。ユネスコや国連などが主催する複数の賞を受章しただけでなく、青少年への抑うつ症状の軽減など、その有効性についても数多くの研究で実証されている。なお、感情移入を通じた効果を目指すのではなく、認知を促す点がアニメ療法とは異なる。

　ニュージーランドでは若者の４分の１が19歳までにうつ病を経験すると言われており、社会問題となっている。薬剤治療は自殺リスクを高めることから推奨されておらず、他の効果的な治療法が求められている。特に軽度から中等度のうつ病性障害には認知行動療法が望ましいとされているが、若年層のうつ病患者のうち治療を医療機関に求めるのは５分の１以下である。「ＳＰＡＲＸ」の開発者も警告しているのだが、うつ病などの精神疾患にかかった若者の選択肢は非常に限られている。さらに農村部や遠隔地に住む若者は、サービスを受ける機会が極めて乏しい。また認知行動療法は高額なため、多くの若者にとっては手が届かない。

「ＳＰＡＲＸ」は七つのレベルで構成されており、各レベルの内容はそれぞれ認知行動療法の課題に該当している。プレイヤーはゲーム世界のアバターを操作し、正しい選択肢（セリフ）を選んでクエストを達成する。一つのレベルを攻略するのには30〜40分ほどかかる。プレイヤーは3～7週間の間、毎週1～2レベルをクリアすることが推奨されている。例えば次のような形だ。

【レベル2：アイスランド】活動的になることが目的の一つと紹介される。アクティビティのスケジューリングと行動の活性化、リラクゼーション、段階的筋弛緩法を学ぶ。また、基本的なコミュニケーションと対人関係のスキルも身につける。

【レベル3：火山地帯】怒りや傷つきなど、強い感情への対処を目指す。アサーティブネス（自他を尊重した主張）、傾聴、交渉などの対人スキルを身につける。

ゲーム内の敵は「ＧＮＡＴＳ」と呼ばれる。「Gloomy Negative Automatic Thoughts」（暗くネガティブな自動思考）の略称だ。自動思考とは認知行動療法で使われる用語である。敵はアバターに向かって「お前は負け犬だ」などのネガティブな言葉を飛ばしてくる。プレイヤーはこれに対して、ゲームの中で学んだスキルを使い、正しい返し方を覚える。クエストが完了すると、ガイドから実生活を楽しむ（気分を良くしたり、問題を解決したりする）方法が説明される。他にも、プレイヤーはゲームの世界で様々なキャラクターたちと出会い、パズルを解いたり、ミニゲームをクリアしたりする。

「ＳＰＡＲＸ」は既存の治療と比較し非劣性（既存の方法よりも劣っていないこと）を示した。プログラムの使用により臨床的に有意な抑うつ、不安、絶望感の減少とＱＯＬの改善が見られた（Merry et al 2012）。ＳＰＡＲＸは完全に自助的なプログラムであり、アクセスが極めて簡単かつ安価であるため、普及しやすい認知行動療法と思われる。ちなみに日本語版にもローカライゼーションされていて、大学生向けの研究対象となっている。

「ＳＰＡＲＸ」は近年注目を浴び始めている、「デジタル介入」（digital interventions）と呼ばれる試みの一種である。様々な場所からアクセスでき、従来の対面式サービスにアクセスできない人へのアウトリーチの一形態となり得る。また対面式治療よりも費用対効果が高いなどの利点が研究においても報告されている。さらにデジタル介入は、ユーザーが自分の都合に合わせてプログラムにアクセスしたり、コンテンツを複数回練習したりできるため、学習と知識の定着を促進できるとされている。

日本では「こころアプリ」というスマホアプリによるＣＢＴプログラムが、臨床サンプルのうつ病に有効であると実証されている（Mantani et al 2018）。「ＳＰＡＲＸ」もＣＢＴプログラムの一種であるが、ゲーム性や見た目に新鮮味があり、他のプログラムより魅力的で若年層にも積極的にすすめられる。

「問題のあるシェアハウス」

次に紹介したいのは、同じくメンタルヘルスの自助的な役割を持つスマホゲーム「問題のあるシェアハウス」だ。

２０１８年に株式会社Favaryが制作したこのゲームは、女性向けの恋愛ノベルゲームである。女性向けの作品だが恋愛対象として女性も選ぶことができて、セクシャルマイノリティにも配慮されている。恋愛対象となるキャラクターとのやりとりを通じて、悩みやストレス解消に通じる考え方を身につけることができる。またゲーム内にはプレイヤーの精神状態をチェックする心理クイズや、厚生労働省が一般向けに公開しているストレスチェックを行えるほか、心のケアに関する豆知識も閲覧できる。

作品中の心理ケアに関する部分はHIKARI Labという専門家集団が開発した。「ＳＰＡＲＸ」と比較すると、認知的な説得だけではなくアニメ療法でも提唱するキャラクターへの感情移入に基づいた行動変容が試されている。ゲーム性だけでなく、好きなキャラクターを通じて何かを学べる機会を設けている点も、ユーザーのアクセシビリティを促すと思われる。

これらの作品はエンターテインメントとメンタルヘルスを融合させた新鮮な試みだが、「ＳＰＡＲＸ」はゲーム性が古くて娯楽の部分が弱い点に、「問題のあるシェアハウス」は女性向けというジャンルの制限がある点に改善の余地があるだろう。

精神科医がすすめる日本のアニメ・漫画

ゲームというデジタル介入の形式以外にも、日本の漫画やアニメには娯楽を超えるポテンシャルを持った作品がいくつかある。精神科医の立場から、理想的な内容を持つと感じる作品を一部紹介したい。

- 『空中ブランコ』
- 『新世紀エヴァンゲリオン』
- 『蟲師《むしし》』
- 『宝石の国』
- 『コードギアス 反逆のルルーシュ』
- 『ＯＮＥ ＰＩＥＣＥ』（ワンピース）

・『空中ブランコ』

元々は奥田英朗による連作短編小説集シリーズで、2009年にフジテレビ系のノイタミナ枠でアニメ化されると様々な賞を受賞した。伊良部総合病院を舞台に、主人公である精神科医の伊良部一郎の下に様々な患者が現れる一話完結形式の物語である。症状は患者自身が持つ未解決の葛藤に由来しており、それに向き合わせることで解決へと至る。シンボル化と比喩が多く使用されるのもこの作品の特徴だ。一例を挙げよう。

患者は山下公平。彼はサーカス団員だが公演のパートナーとうまく連携できず、パフォーマンスを失敗してしまう。それを新しく来た外国人サーカス団員のせいにして、彼らと距離を置き、不信感を募らせる。また、公演準備のストレスから睡眠障害や不安神経症を患っている。

作中で彼は、ペンギン（鳥なのに飛べない〝芸を失敗するサーカス団員）としてシンボル化される。彼は祖父と父に続くサーカス団の3代目で、子供の頃同じ場所にずっといられなかった過去を持つ。友達との悲しい別れを避けるために他の子供たちと距離を置くことを覚えた結果、見知らぬ人と信頼関係を築くことが難しくなっていたのだ。彼は自分が練習しているビデオを見て、スタントを失敗したのは他の人のせいではなく、パートナーを信頼できない自分のせいだと気づく。

『空中ブランコ』は審美表現の使い方や、キャラクターの葛藤と乗り越えにフォーカスする部分から、治癒的な側面を持っていると言える。

・『新世紀エヴァンゲリオン』

言うまでもない傑作として知られるが、実は精神医学とも深い関わりを持つ作品でもある。庵野《あんの》秀明監督は個人的な抑うつとの戦いも含め、人間の苦悩を描いた。キャラクターたちの苦悩は「タナトス」「口唇期」「分離不安」「エディプスコンプレックス」といった、精神医学や心理学の概念を体現している。

象徴的な例を挙げると、登場人物のほとんどは親との関係で深い心理的トラウマを負っている。碇《いかり》シンジの内向性と社会不安は、幼い頃に母を亡くし、父に捨てられたことに起因するだろう。アスカ・ラングレーは母親の狂気の対象となった上に、首を吊った彼女の遺体を発見した。アスカのいじめっ子のような性格は、痛みから目をそらすための手段にすぎない。この「心のアンバランス」ゆえに、彼女にとってエヴァンゲリオン弐号機を操縦することが唯一の誇りであり、満足感の源となっている。感情がないように見える綾波レイは、自身がレプリカであることに対して無意識的な拒絶を抱いている。必死に独自のアイデンティティを獲得しようともがく一方、レプリカの運命から逃れられず感情を抑圧する。

　最終的にほとんどのキャラクターは成長する。その結晶がアニメ最終話（26話）の有名な「おめでとう」とシンジが祝福されるシーンだろう。

・**『蟲師』**

　漆《うるし》原《ばら》友紀による漫画及び、それを原作としたアニメや実写映画、ゲームだ。不思議な存在である「蟲」と、それを扱う専門家の「蟲師」をめぐる物語で、主人公のギンコは蟲師として様々な出来事に巻き込まれる。作者曰く「鎖国を続けた日本」「江戸と明治の間の架空の時代」を舞台にしており、現実とファンタジーのハイブリッドな世界観である。登場人物の内面が深くフォーカスされるのも本作の特徴で、回想シーンも含めて美しく静寂な自然の描写がそれを加速させる。

　蟲は昆虫ではなく、精霊や幽霊、妖怪といった怪異に近い存在であり「生と死の間、者と物の間にいるもの」などと描写される。蟲の力で登場人物の周囲に幸・不幸が起き、それをきっかけに自分の人生の意義をより深く理解することになる。不幸なことを起こすイメージがあるが、根本的に悪質な存在というわけではない。そういった意味で蟲は人生における悩みにたとえることができ、鑑賞者のカタルシスにもつながっているのだと思う。

例えばアニメ14話「籠《かご》のなか」というエピソードは興味深い。竹林を旅していたギンコは、何度試しても森から出られないという男に出会う。不思議なことに、その男の妻と子供も同じように決して森から出られない。

その森にはかつて、若い夫婦が住んでいた。長年子供を授かることができず、夫は憂鬱《ゆううつ》になり家から離れて過ごすようになった。そして植物と話をするようになった妻はある日「自分は妊娠していると思う」と言い出した。不審に思った夫がある夜、妻の後をつけてみると、妻は白い竹にしがみついた姿で、赤ん坊のように竹の子を抱いていた。その赤ん坊こそ後にギンコが出会った、森から出られない男の妻である。

竹林の蟲「まがりだけ」は、子供を授ける代わりにずっと森から離れないという代償を払わせる。子供を願ったカップルは蟲の力でそれを叶えることができたが、それによって人生が縛られてしまった。

こうした寓話的な物語を通じて幸福や運命について、また人間が何を一番大切にするべきなのかを考えるきっかけとなる。

・『宝石の国』

市川春子による漫画作品で、２０１７年にアニメ化された。

はるか未来の地球。六度の流星飛来のために地上の生物は海に沈んで無機物となり、長い年月を経て、宝石の身体を持つ生物として生まれ変わった。擬人化された宝石のキャラクターたちとその面倒を見る金剛先生が、月から来襲する「月人《つきじん》」との戦いを繰り返しながら、己の由来と存在意義に気づいていく。

主人公はフォスフォフィライトという硬度が最も低い（＝身体がもろい）宝石で、宝石たちの中で一番の年下でもある。不器用であまり役に立つこともしないが、根拠のない自信と明るさを持ち、他の宝石たちから愛されている。

フォスフォフィライトの身体は他の鉱物とも共生がしやすい特性を持っており、戦いの中で身体が砕けても欠損部を補完しやすい体質を持っている。そして、欠損部を別の鉱物によって補うと、その鉱物が本来持つアイデンティティも受け継ぐ点が面白い。つまり、フォスフォフィライトは別の宝石で身体を補完するたびに、見た目も内面も変容していくのだ。物語が進むにつれ世界の真実、仲間との絆、生命そのものの意味を知りたいフォスフォフィライトはどんどん変化していく。

・『コードギアス 反逆のルルーシュ』

サンライズ制作の日本のSFロボットアニメ「コードギアス」シリーズの中でも、谷口悟朗監督によるテレビアニメ『コードギアス 反逆のルルーシュ』を取り上げたい。

この作品は世界というマクロと、キャラクター個人の心というミクロの、それぞれの悩みが物語の原動力となっている。

日本はブリタニアという世界の超大国の植民地であり、日本人は奴隷のように見なされていた。ブリタニアの残忍さに逆らい世界を変えたいと願う二人の少年、ルルーシュとスザクが物語の主人公だ。ルルーシュは侵略側であるブリタニアの王子だがテロリストとして日本の反逆者とともに立ち上がる。一方、日本人のスザクはブリタニアの内部から体制を変えようと決意する。両者とも平等な世界を築くのが目的だが、立場はねじれている。

同様に、目的のために非道な手段を認めるかなどの哲学も対照的だ。ルルーシュはどんな犠牲を払っても構わないと思っているが、スザクは汚れた過程で達成する勝利・平和には価値がないと思っている。一方で二人は親友でもあり、同じような悩みを理解しあう。作品を通じて人間の根底にある道徳と正義との葛藤、エゴイズムやプライドなど、鑑賞者を考えさせるシーンが多い。

・『ONE　PIECE』(ワンピース)

『週刊少年ジャンプ』にて1997年より連載中の大人気少年漫画で、皆さん少なくとも名前を聞いたことがあるだろう。

この作品のどこに、アニメ療法の要素があるのか。簡単に言うと、主人公のモンキー・D・ルフィと他のキャラクターの成長と、心の絆だ。絆の大切さや、登場人物たちの親密な関係性が美しく編まれている。

ルフィは「海賊王に俺はなる」とマントラ(呪文)のように繰り返す。最初はこんなガリガリの少年が伝説の海賊王になれるはずがないと嘲弄《ちょうろう》されたが、今や「新世界」へたどり着いたルフィが海賊王の候補者であることを疑う者はいない。自分の力を誰よりも信じて行動し、己の譲れない思いを貫く。無理そうでもまず信じることで、「まさか」が叶う。ルフィは第4章でも取り上げた「自己成就予言」(self-fulfilling prophecy)の体現者である。

ルフィの仲間「麦わらの一味」たちの成長譚もそれぞれ、建設的に描写される。例えば身体に骨しか残っていないブルックは、昔からの仲間であるラブーンとの再会を目指し張り切る。骸骨なのに生気に満ち、表情が生々しいのはこの内面の表れである。

また、ルフィに対して劣等感と嫉妬を覚えているウソップの成長も言及に値するだろう。ウォーターセブン編でウソップは自身の劣等感を爆発させ、ルフィと喧嘩別れする。だが最終的にはエゴイズムを乗り越えて自分の「劣性」を認め始め、本当の意味で強くなる。そしてルフィに対する嫉妬を捨て、素直に「ごめん」と言えるようになった。それに対してルフィは、友達を失いたくない気持ちがありながらも自尊心を保ち下手に出ず、ウソップのことを辛抱強く待つ。健全な姿勢でウソップの物語を見守るのだ。『ＯＮＥ ＰＩＥＣＥ』はこうした、人間関係の複雑性も見事に描いている。

以上六つの作品を取り上げたが、いずれも漫画、アニメ作品である。作品とインタラクトする性質は持たない、非フィードバック型のアニメ療法に該当すると言えよう。

こうした作品の鑑賞はカタルシスをもたらし得る。私たちは無意識的に過去のトラウマや苦悩を抑圧してしまう傾向があるが、カタルシスでその感情を排出すれば、心の緊張がほぐれるようになる。

筆者はアニメ療法を含め、エンターテインメントとメンタルヘルスの交差する場所こそ未来の精神科、若者向けの臨床心理、人間の心のケアに携わる活動のコアになると予想している。それには「患者」ではなく「みんな」のための、予防としての心のケアという概念が当たり前になることが欠かせない。

娯楽が薬になる時

ラテン語には「dosis sola facit venenum」という格言がある。英語にすれば「The dose makes the poison」。量が毒を作るといった意味だ。医師、化学者、錬金術師であったパラケルススのこの言葉は、毒性学の原理を示している。要するに、毒か薬かを決めるのは物質の性質以上に、「量」によるわけだ。エンターテインメントにも同じことが言えるだろう。娯楽をどのように利用するかは私たち次第である。

第14章で紹介した通り、2016年7月に「ポケモンGO」がリリースされた時、家に閉じこもりがちだった高齢者や、引きこもりの子供が外に出るきっかけを見つけたという話が聞かれた。一つの作品、コンテンツは家族や医者の働きかけに劣らないレベルで人間に影

図26　新しいメンタルヘルスの専門家へ

響を与えることができる。

アニメ療法を現実にするための、今後の課題は何だろうか。療法の構造化を深め、作品の有効性に関するデータも集め、再現可能性の高い作品制作の方法も概念化したい。

そのためには、少なくとも二つの社会の変革が必要だ。

一つは何度も言っているように、精神疾患、精神の健康の捉え方を新しくすることだ。正常と狂気の間にある壁は幻にすぎない。偏見にさらされて薬を服用し続けるのではなく、予防と早期のケアを中心に、物語作品を通じて心をケアする。筆者はこのような未来の専門家を思い描いている（図26）。

もう一つは、キュア（Cure）からケア（Care）へのシフトの先にあるカスタム（Custom）を進めることだ。キュアは生物医学的に治す意味で、医療と密接している

図27　新しい療法の姿

概念であり、主に医師が担当する活動だ。一方、ケアはもっと包括的な意味合いで、生物学的な意味の病気より患者そのものが対象となる。典型的には看護師が担当するものだと捉えられる。その先にあるのが、カスタム（習慣）だと筆者は考える（図27）。

健康の改善・維持には器質的な側面（キュア）、患者の人間全体（ケア）に加え、その人の趣味や日常生活、オフの時間（カスタム）にも、治療の幅を広げる必要があるのではないだろうか。そして、アニメ療法のような機能性エンターテインメントがこの領域を担うことになるだろう。

あとがき

この本の出版は筆者にとって、大学時代から思い描いた夢の始まりとも言えます。当時、コードギアスとエヴァンゲリオンを鑑賞して興奮のあまり「精神科医と、人間の心に感動と刺激を与える作品の作者になりたい」と、自分の部屋で独り言を言ったことを思い出します。人間の心を理解し、アートを治療にする。これ以上崇高な人生のミッションを想像できませんでした。

そして数年後、未だにそれ以外を想像できない私は様々な壁に奮闘しながら、第一歩を踏み出しました。『アニメ療法』という突飛で個人的な考えを信じ、サポートしていただいた方々に感謝の気持ちを伝えたいです。

まず、この本の編集者である高橋恒星さん。僕のアイデアを信じてくれて、この本をわかりやすくしていただきました。僕の精神科の師匠である斎藤環《たまき》先生。「日本で精神科医になりたい」という変な外国人の片言の日本語のメールに返信してくださってから、ずっと優しく指導していただいています。WCS創業者で世界コスプレサミットの実行委員長でもある小栗徳丸さん。日本のオタク文化を世界に発信するという共通目標を持っている親友です。tribute社長の木村友紀さんと、共に僕の夢へのチャンスを与えてくれる仲間たち。谷口悟朗先生には、日本最高峰のアニメーターと目線を合わせて会話できる喜びを覚えさせていただきました。末次由紀先生という伝説の漫画家に推薦いただけたことも夢のようです。表紙の素敵なイラストを描いていただいた斑《いかる》鳩《が》さん。僕がこだわりを持つ「変身」のコンセプトの通り、カッコ良い少年になりましたね。作中のイラストを描いていただいたコッリアス・ヴァレンティナ。オタ活の仲間でもありプロフェッショナリズムを持ったイラストレーターです。はるか遠いところでの人生を選んだ僕をずっと応援してくれているお母さんとお姉さん。純ちゃんとクマちゃんたち。愛を感じています。そして、悪意を持って僕を傷つけたかつての仲間。その醜さを抱き続け、成功してみせます。“take your broken heart make it into art”。

　最後に、この本に最後まで興味を持っていただき、読んでくださったあなた。どれだけ変わり者だと思われても、己を貫いて、自分を信じてください。アニメ、漫画、ゲーム……あなたの好きなことで元気になりましょう。

本書はアニメ療法の基盤を立てるために執筆しました。今後はどんな風にどのような作品を作ればいいのか、具体的な実践に移りたいと思います。ここでは書ききれませんでしたが、仮想現実、メタバースがアニメ療法の理想な舞台になれるかにも注目しています。筆者の次回作にご期待ください！

Science, 8(1), 15-18. https://doi.org/10.1111/1467-8721.00004
Čvorović, J., & Coe, K. (2022). *Storytelling around the world: Folktales, narrative rituals, and oral traditions.* ABC-CLIO.
ジョナサン・ゴットシャル. (2022). *ストーリーが世界を滅ぼす: 物語があなたの脳を操作する.* 東洋経済新報社.

Zimmermann. https://www.annette-zimmermann.com/public-philosophy-and-policy

Rehm, I. C., Foenander, E., Wallace, K., Abbott, J. M., Kyrios, M., & Thomas, N. (2016). What role can avatars play in e-mental health interventions? Exploring new models of client-therapist interaction. *Frontiers in Psychiatry, 7.* https://doi.org/10.3389/fpsyt.2016.00186

Rickard, N. S. (2004). Intense emotional responses to music: A test of the physiological arousal hypothesis. *Psychology of Music, 32*(4), 371-388. https://doi.org/10.1177/0305735604046096

Rogge, R. D., Cobb, R. J., Lawrence, E., Johnson, M. D., & Bradbury, T. N. (2013). Is skills training necessary for the primary prevention of marital distress and dissolution? A 3-year experimental study of three interventions. *Journal of Consulting and Clinical Psychology, 81*(6), 949-961. https://doi.org/10.1037/a0034209

Schindler, S., Zell, E., Botsch, M., & Kissler, J. (2017). Differential effects of face-realism and emotion on event-related brain potentials and their implications for the uncanny valley theory. *Scientific Reports, 7*(1). https://doi.org/10.1038/srep45003

Shakeri, J., Ahmadi, S. M., Maleki, F., Hesami, M. R., Parsa Moghadam, A., Ahmadzade, A., Shirzadi, M., & Elahi, A. (2020). Effectiveness of group narrative therapy on depression, quality of life, and anxiety in people with amphetamine addiction: A randomized clinical trial. *Iranian journal of medical sciences, 45*(2), 91-99. https://doi.org/10.30476/IJMS.2019.45829

Sharma, V., Sood, A., Prasad, K., Loehrer, L., Schroeder, D., & Brent, B. (2014). Bibliotherapy to decrease stress and anxiety and increase resilience and mindfulness: A pilot trial. *EXPLORE, 10*(4), 248-252. https://doi.org/10.1016/j.explore.2014.04.002

Silk, J. B., & House, B. R. (2011). Evolutionary foundations of human prosocial sentiments. *Proceedings of the National Academy of Sciences, 108*(supplement_2), 10910-10917. https://doi.org/10.1073/pnas.1100305108

Solomon, G. (1995). *The motion picture prescription: Watch this movie and call me in the morning.* Author's Choice Publishing.

Thornburgh, N. (2006, May 29). Teaching doctors to care. *Time,* pp. 58-59.

Tinwell, A. (2014). *The uncanny Valley in games and animation.* CRC Press.

Tyson, L., Foster, L., & Jones, C. (2000). The process of cinematherapy as a therapeutic intervention. *The Alabama Counseling Association Journal,, 26*(1), 35-41.

Wolz, B. (2005). *E-motion picture magic: A movie lover's guide to healing and transformation.* Glenbridge Publishing.

Yang, H., & Lee, Y. (2005). The use of single-session cinematherapy and aggressive behavioral tendencies among adopted children. *American Journal of Recreation Therapy, 4*(1), 35-44.

Zwaan, R. A. (1999). Situation models. *Current Directions in Psychological*

McAndrew, F. T., & Koehnke, S. S. (2016). On the nature of creepiness. *New Ideas in Psychology, 43,* 10-15. https://doi.org/10.1016/j.newideapsych.2016.03.003

Meerwijk, E. L., Ford, J. M., & Weiss, S. J. (2012). Brain regions associated with psychological pain: Implications for a neural network and its relationship to physical pain. *Brain Imaging and Behavior, 7*(1), 1-14. https://doi.org/10.1007/s11682-012-9179-y

Mirzoeff, N. (1999). *An introduction to visual culture.* Psychology Press.

Mitchell, W. J., Szerszen, K. A., Lu, A. S., Schermerhorn, P. W., Scheutz, M., & MacDorman, K. F. (2011). A mismatch in the human realism of face and voice produces an uncanny Valley. *i-Perception, 2*(1), 10-12. https://doi.org/10.1068/i0415

Mizokami, S. (2004). *現代大学生論 〜ユニバーシティ・ブルーの風に揺れる*. NHKブックス.

Moeller, R. W., Seehuus, M., & Peisch, V. (2020). Emotional intelligence, Belongingness, and mental health in college students. *Frontiers in Psychology, 11.* https://doi.org/10.3389/fpsyg.2020.00093

Mojdeh, S., Zamani, M., Kooshki, A. M., & Jafari, N. (2013). Effect of watching a movie on family members' anxiety level during their relatives' surgery. *Iranian journal of nursing and midwifery research, 18*(4), 329-332.

Newton, A. K. (1995). Silver screens and silver linings : using theatre to explore feelings and issues. *Gifted Child Today, 18*(43), 14-19.

Oatley, K. (2002). Emotions and the story worlds of fiction. *Centre for Applied Cognitive Science, OISE-University of Toronto.*

Olsen, W. R., & Sommers, W. A. (2005). *Energizing staff development using film clips: Memorable movie moments that promote reflection, conversation, and action.* Corwin Press.

Panto, F., Saito, T., Morita, N., & Ogai, Y. (2022). The correlation between enjoying fictional narratives and empathy in Japanese Hikikomori. *F1000Research, 10,* 776. https://doi.org/10.12688/f1000research.55398.2

Payne, M. (2000). *Narrative therapy: An introduction for counsellors.* SAGE Publications.

Polman, H., De Castro, B. O., & Van Aken, M. A. (2007). Experimental study of the differential effects of playing versus watching violent video games on children's aggressive behavior. *Aggressive Behavior, 34*(3), 256-264. https://doi.org/10.1002/ab.20245

Potential links between video games and youth civic and political development. (2009). *The Civic Potential of Video Games.* https://doi.org/10.7551/mitpress/8518.003.0006

Powell, M. (2008). *Cinematherapy as a Clinical Intervention: Theoretical Rationale and Empirical Credibility* [Doctoral dissertation]. https://scholarworks.uark.edu/cgi/viewcontent.cgi?article=4516&context=etd

Public philosophy & policy — Dr Annette Zimmermann. (n.d.). Dr Annette

Therapy, 36(1), 26-38. https://doi.org/10.1093/jmt/36.1.26

Kawanabe, K. (2006). Possibility of practical approach in intercultural understanding education. 教育実践総合センター研究紀要, *15*, 53-60. http://hdl.handle.net/10105/11

Keverne, E. B., Martensz, N. D., & Tuite, B. (1989). Beta-endorphin concentrations in cerebrospinal fluid of monkeys are influenced by grooming relationships. *Psychoneuroendocrinology, 14*(1-2), 155-161. https://doi.org/10.1016/0306-4530(89)90065-6

Kishimoto, T., Takamiya, A., Liang, K., Funaki, K., Fujita, T., Kitazawa, M., Yoshimura, M., Tazawa, Y., Horigome, T., Eguchi, Y., Kikuchi, T., Tomita, M., Bun, S., Murakami, J., Sumali, B., Warnita, T., Kishi, A., Yotsui, M., Toyoshiba, H.,… Mimura, M. (2020). The project for objective measures using computational psychiatry technology (PROMPT): Rationale, design, and methodology. *Contemporary Clinical Trials Communications, 19*, 100649. https://doi.org/10.1016/j.conctc.2020.100649

Laughter has positive impact on vascular function. (2011, August 29). ScienceDaily. https://www.sciencedaily.com/releases/2011/08/110828101806.htm

Lopes, R. T., Gonçalves, M. M., Machado, P. P., Sinai, D., Bento, T., & Salgado, J. (2014). Narrative therapy vs. cognitive-behavioral therapy for moderate depression: Empirical evidence from a controlled clinical trial. *Psychotherapy Research, 24*(6), 662-674. https://doi.org/10.1080/10503307.2013.874052

Lynch, J. (2011). The therapeutic potential of using film as an intervention in counselling and psychotherapy: A narrative inquiry. doctoral thesis. https://epublications.une.edu.au/vital/access/manager/Repository/une:8926

Mantani, A., Kato, T., Furukawa, T. A., Horikoshi, M., Imai, H., Hiroe, T., Chino, B., Funayama, T., Yonemoto, N., Zhou, Q., & Kawanishi, N. (2018). Correction: Smartphone cognitive behavioral therapy as an adjunct to pharmacotherapy for refractory depression: Randomized controlled trial. *Journal of Medical Internet Research, 20*(8), e11702. https://doi.org/10.2196/11702

Mar, R. A., Oatley, K., & Peterson, J. B. (2009). Exploring the link between reading fiction and empathy: Ruling out individual differences and examining outcomes. *COMM, 34*(4), 407-428. https://doi.org/10.1515/comm.2009.025

Mason, P. (2008). Faculty opinions recommendation of a common neurobiology for pain and pleasure. *Faculty Opinions - Post-Publication Peer Review of the Biomedical Literature.* https://doi.org/10.3410/f.1116093.572071

Mathur, M. B., & Reichling, D. B. (2016). Navigating a social world with robot partners: A quantitative cartography of the uncanny Valley. *Cognition, 146*, 22-32. https://doi.org/10.1016/j.cognition.2015.09.008

Green, M. C., & Brock, T. C. (2000). The role of transportation in the persuasiveness of public narratives. *Journal of Personality and Social Psychology, 79*(5), 701-721. https://doi.org/10.1037/0022-3514.79.5.701

Gregerson, M. B. (2009). *The cinematic mirror for psychology and life coaching.* Springer Science & Business Media.

Greitemeyer, T. (2011). Effects of prosocial media on social behavior. *Current Directions in Psychological Science, 20*(4), 251-255. https://doi.org/10.1177/0963721411415229

Greitemeyer, T., Agthe, M., Turner, R., & Gschwendtner, C. (2011). Acting prosocially reduces retaliation: Effects of prosocial video games on aggressive behavior. *European Journal of Social Psychology, 42*(2), 235-242. https://doi.org/10.1002/ejsp.1837

Gualano, M., Bert, F., Martorana, M., Voglino, G., Andriolo, V., Thomas, R., Gramaglia, C., Zeppegno, P., & Siliquini, R. (2017). The long-term effects of bibliotherapy in depression treatment: Systematic review of randomized clinical trials. *Clinical Psychology Review, 58,* 49-58. https://doi.org/10.1016/j.cpr.2017.09.006

Harrington, B., & O'Connell, M. (2016). Video games as virtual teachers: Prosocial video game use by children and adolescents from different socioeconomic groups is associated with increased empathy and prosocial behaviour. *Computers in Human Behavior, 63,* 650-658. https://doi.org/10.1016/j.chb.2016.05.062

Hassan, N., Sallehuddin, I., & Abdul, A. N. (2016). Study on Anime and its impacts among university students. *Prosiding Persidangan Antarabangsa Sains Sosial dan Kemanusiaan, 2*(387).

Hayashi, K., Hayashi, T., Iwanaga, S., Kawai, K., Ishii, H., Shoji, S., & Murakami, K. (2003). Laughter lowered the increase in postprandial blood glucose. *Diabetes Care, 26*(5), 1651-1652. https://doi.org/10.2337/diacare.26.5.1651

Hideg, I., & Van Kleef, G. A. (2017). When expressions of fake emotions elicit negative reactions: The role of observers' dialectical thinking. *Journal of Organizational Behavior, 38*(8), 1196-1212. https://doi.org/10.1002/job.2196

Hung, C. P., Ramsden, B. M., & Roe, A. W. (2007). A functional circuitry for edge-induced brightness perception. *Nature Neuroscience, 10*(9), 1185-1190. https://doi.org/10.1038/nn1948

Huston-Stein, A. (1978). Televised aggression and prosocial behavior. *Psychology: From Research to Practice,* 75-94. https://doi.org/10.1007/978-1-4684-2487-4_6

Hyler, S. E. (1999). Rent two films and let's talk in the morning. Using popular movies in psychotherapy. *American Journal of Psychotherapy, 53*(1), 138-140. https://doi.org/10.1176/appi.psychotherapy.1999.53.1.138

Iwanaga, M., & Moroki, Y. (1999). Subjective and physiological responses to music stimuli controlled over activity and preference. *Journal of Music*

Can movies save your marriage? (2014, February 21). Therapy Associates. https://acrstherapy.org/2014/02/21/can-movies-save-your-marriage/

Christie, M., & McGrath, M. (1989). Man who catch fly with chopstick accomplish anything: Film in therapy - the sequel. *Australian and New Zealand Journal of Family Therapy, 10*(3), 145-150. https://doi.org/10.1002/j.1467-8438.1989.tb00758.x

Cowen, A. S., & Keltner, D. (2020). What the face displays: Mapping 28 emotions conveyed by naturalistic expression. *American Psychologist, 75*(3), 349-364. https://doi.org/10.1037/amp0000488

Cross, L. B. (2000). *Basic concepts in family therapy: An introductory text* (2nd ed.). Routledge.

Decety, J. (2011). The neuroevolution of empathy. *Annals of the New York Academy of Sciences, 1231*(1), 35-45. https://doi.org/10.1111/j.1749-6632.2011.06027.x

Donovan, R. J., & Leivers, S. (1993). Using paid advertising to modify racial stereotype beliefs. *Public Opinion Quarterly, 57*(2), 205-218. https://doi.org/10.1086/269366

Dunbar, R. I., Teasdale, B., Thompson, J., Budelmann, F., Duncan, S., Van Emde Boas, E., & Maguire, L. (2016). Emotional arousal when watching drama increases pain threshold and social bonding. *Royal Society Open Science, 3*(9), 160288. https://doi.org/10.1098/rsos.160288

Eisenberger, N. I. (2015). Social pain and the brain: Controversies, questions, and where to go from here. *Annual Review of Psychology, 66*(1), 601-629. https://doi.org/10.1146/annurev-psych-010213-115146

Entman, R. M., & Rojecki, A. (2010). *The Black image in the white mind: Media and race in America.* University of Chicago Press.

Ferguson, C. J., & Garza, A. (2011). Call of (civic) duty: Action games and civic behavior in a large sample of youth. *Computers in Human Behavior, 27*(2), 770-775. https://doi.org/10.1016/j.chb.2010.10.026

Fleming, M., & Bohnel, E. (2009). Use of feature film as part of psychological assessment. *Professional Psychology: Research and Practice, 40*(6), 641-647.

Gabriel, A. S., Koopman, J., Rosen, C. C., Arnold, J. D., & Hochwarter, W. A. (2020). Are coworkers getting into the act? An examination of emotion regulation in coworker exchanges. *Journal of Applied Psychology, 105*(8), 907-929. https://doi.org/10.1037/apl0000473

Garrison, D. (2007). The use of movies to facilitate family engagement in psychiatric hospitalization. *Journal of the American Academy of Child and Adolescent Psychiatry, 46,* 1218-1229.

Gerrig, R. J. (1993). *Experiencing narrative worlds: On the psychological activities of reading.* Yale University Press.

Goss, S., Anthony, K., Stretch, L. S., & Nagel, D. M. (2016). Technology in mental health: Applications in Practice, Supervision and Training(2nd ed.) Charles C Thomas Publisher.

参考文献

Ahmed, A. S. (2007). Post-traumatic stress disorder, resilience and vulnerability. *Advances in Psychiatric Treatment, 13*(5), 369-375. https://doi.org/10.1192/apt.bp.106.003236

Bandura, A., Ross, D., & Ross, S. (2019). Imitation of film-mediated aggressive models (1963). *Crime and Media,* 381-392. https://doi.org/10.4324/9780367809195-35

Banerjee, S. C., & Greene, K. (2012). Role of transportation in the persuasion process: Cognitive and affective responses to Antidrug narratives. *Journal of Health Communication, 17*(5), 564-581. https://doi.org/10.1080/10810730.2011.635779

Barbara J. Wilson. (2008). Media and children's aggression, fear, and altruism. *The Future of Children, 18*(1), 87-118. https://doi.org/10.1353/foc.0.0005

Batson, C. D., Ahmad, N., Ahmad, D., Tsang, L., & Tsang, J. (n.d.). - Aishwarya Jaiswal. https://aishwaryajaiswal.com/wp-content/uploads/2022/01/Handbook_of_Positive-Psychology-C._R._Snyder_Shane_J._Lopez-1.pdf#page=504

Beaudoin, M., Moersch, M., & Evare, B. S. (2016). The effectiveness of narrative therapy with children's social and emotional skill development: An empirical study of 813 problem-solving stories. *Journal of Systemic Therapies, 35*(3), 42-59. https://doi.org/10.1521/jsyt.2016.35.3.42

Berger, S. M., Carli, L. L., Hammersla, K. S., Karshmer, J. F., & Sanchez, M. E. (1979). Motoric and symbolic mediation in observational learning. *Journal of Personality and Social Psychology, 37*(5), 735-746. https://doi.org/10.1037/0022-3514.37.5.735

Berridge, K. (2011). Faculty opinions recommendation of social rejection shares somatosensory representations with physical pain. *Faculty Opinions – Post-Publication Peer Review of the Biomedical Literature.* https://doi.org/10.3410/f.9504959.10153057

Braun, I. K., & Cupchik, G. C. (2001). Phenomenological and quantitative analyses of absorption in literary passages. *Empirical Studies of the Arts, 19*(1), 85-109. https://doi.org/10.2190/w6tj-4kkb-856f-03vu

Breen, D. T., & Daigneault, S. D. (1998). The use of play therapy with adolescents in high school. *International Journal of Play Therapy, 7*(1), 25-47. https://doi.org/10.1037/h0089417

Busselle, R., & Bilandzic, H. (2009). Measuring narrative engagement. *Media Psychology, 12*(4), 321-347. https://doi.org/10.1080/15213260903287259

パントー・フランチェスコ
イタリア、シチリア島出身。ローマのサクロ・クオーレ・カトリック大学医学部卒業、ジェメッリ総合病院で学ぶ。イタリアの医師免許を得てから来日し、日本の医師免許を取得。筑波大学大学院博士号取得（医学）。慶應義塾大学病院の精神・神経科教室に入局し、現在は複数の医療機関にて精神科医として臨床している。文化医学、社会精神医学、人類学に興味を持っており、日本の文化の一つと言えるオタクカルチャーを生かし、世界中の若者のメンタルヘルスを支援するツールの開発を目指す。今後は社会評論、アニメ療法に基づいた娯楽作品（アニメ、ゲーム、漫画など）の開発に注力する予定。

アニメ療法《セラピー》　心《こころ》をケアするエンターテインメント

2022年12月30日初版1刷発行

著　者――パントー・フランチェスコ
発行者――三宅貴久
装　幀――アラン・チャン
印刷所――堀内印刷
製本所――国宝社
発行所――株式会社光文社
東京都文京区音羽1-16-6（〒112-8011）
https://www.kobunsha.com/
電　話――編集部03（5395）8289　書籍販売部03（5395）8116
業務部03（5395）8125
メール――sinsyo@kobunsha.com

　ISBN 978-4-334-04642-2

1227

新地方論
都市と地方の間で考える

小松理虔

「都市」と「地方」。二項対立ではない視点から改めて地方を10のテーマで考えたときに、見えてくるものとは何か。福島県いわき市を拠点に、多彩な活動を続ける著者の思考と実践の記録。

978-4-334-04634-7

1228

不安型愛着スタイル
他人の顔色に支配される人々

岡田尊司

自己肯定感が低い、気を遣いすぎて疲れてしまう、感覚が敏感で体調を崩しやすい……生きづらさの理由、そして克服や治療法は？　職場や家庭での周囲の対応の仕方も事例を交え詳述。

978-4-334-04635-4

1229

広告の仕事
広告と社会、希望について

杉山恒太郎

広告から〝公告〟へ。日本の広告界のレジェンドが、自らのクリエイティブを振り返りながら、広告の未来を熱く鋭く語る。山口周氏とのロング対談を収録。解説・河尻亨一氏。

978-4-334-04636-1

1230

「美食地質学」入門
和食と日本列島の素敵な関係

巽好幸

蕎麦を育む火山、出汁を支える山脈、日本酒と地球の大変動――。多彩な和食が生まれた理由は日本列島にある!?　地下深くで密接に結びつく二つの意外な関係をマグマ学者が丁寧に紐解く。

978-4-334-04637-8

1231

時を超える美術
「グローカル・アート」の旅

新見隆

ローカル（地域、身近なもの）を大事にしながらグローバル（世界のありかた）につながる――。そんな「グローカル」な精神を宿した美術作品や芸術家に触れた「芸術風土記」エッセイ。

978-4-334-04638-5

1232

Web3とは何か

NFT、ブロックチェーン、メタバース

岡嶋裕史

「巨大IT企業の支配から個人が解放されたインフラ」で、「要素技術としてブロックチェーン、なかでもNFTあたりを重視する」というWeb3の全体像を、批判的な見方を含め解説。

978-4-334-04639-2

1233

古典と日本人

「古典的公共圏」の栄光と没落

前田雅之

高等教育の古文・漢文不要論が唱えられる今、私たちに古典は本当に必要なのか。日本において古典が成立した歴史を辿りながら、そもそも「古典」とは何かということを考える。

978-4-334-04640-8

1234

小学校受験

現代日本の「教育する家族」

望月由起

拡大・過熱・多様化——誰が、なぜ、どのように受験しているのか。入学後の環境は？ 教育学者が小学校受験の実際や問題点、評価すべき点などを、経験者の声も交え具体的・リアルに報告。

978-4-334-04641-5

1235

アニメ療法《セラピー》

心をケアするエンターテインメント

パントー・フランチェスコ

日本のポップカルチャーの力で、心を治癒することはできるか。イタリア出身のオタク精神科医が精神医学や心理学の知見を物語療法と接続し、新しい「アニメ療法《セラピー》」を構想する。

978-4-334-04642-2

1236

安い・美味しい・簡単

実践 健康食

岩田健太郎

「近所のスーパーの特売品で自炊」に健康が詰まってる…感染症医でファイナンシャル・プランナーの資格も持つ著者と考える、お金をかけず、持続可能でより豊かに生きるための食事術。

978-4-334-04643-9